公路沥青路面预防性养护技术

李 栋 著

吉林科学技术出版社

图书在版编目（CIP）数据

公路沥青路面预防性养护技术 / 李栋著. -- 长春：
吉林科学技术出版社，2022.8
ISBN 978 - 7 - 5578 - 9424 - 5

Ⅰ . ①公… Ⅱ . ①李… Ⅲ . ①沥青路面－公路养护
Ⅳ . ①U418.6

中国版本图书馆 CIP 数据核字（2022）第 113603 号

公路沥青路面预防性养护技术

著	李 栋	
出 版 人	宛 霞	
责任编辑	管思梦	
封面设计	刘慧敏	
制 版	刘慧敏	
幅面尺寸	185mm×260mm	
开 本	16	
字 数	187 千字	
印 张	10.5	
印 数	1-1500 册	
版 次	2022年8月第1版	
印 次	2022年8月第1次印刷	

出 版 吉林科学技术出版社
发 行 吉林科学技术出版社
地 址 长春市南关区福祉大路5788号出版大厦A座
邮 编 130118
发行部电话/传真 0431-81629529 81629530 81629531
81629532 81629533 81629534
储运部电话 0431-86059116
编辑部电话 0431-81629510
印 刷 廊坊市印艺阁数字科技有限公司

书 号 ISBN 978-7-5578-9424-5
定 价 55.00元

前 言 PREFACE

公路交通是我国主要的交通运输方式。随着国家高速公路网的基本建成,公路建设已经进入以养护为主的时期,养护工作量越来越大,技术含量越来越高。针对道路病害的状况和成因,研究采用新技术、新材料、新工艺,进行科学合理的维修,提高道路的使用品质,延长道路的使用寿命,是目前面临的紧迫任务。

预防性养护是一种定期的强制保养、维修措施,是在路面结构强度充足,仅表面服务功能衰减的情况下,为恢复表面服务功能而采取的一种养护措施。预防性养护技术的应用可以使高速公路处于良好的服务状态,同时也可以延长高速公路沥青路面的使用寿命。近年来,公路管理部门开始对预防性养护的理念予以关注,开始研究预防性养护的施工技术,并在全国各地进行了不同程度的尝试,已取得了一定的实际效果。

本书从公路沥青路面预防性养护基本概念入手,介绍了公路沥青路面预防性养护材料,分析了公路沥青路面预防性养护决策,并结合实践分别从裂缝填封类预防性养护技术、封层类预防性养护技术、就地热再生技术、高性能冷补材料与坑槽修补技术等方面对公路沥青路面预防性养护技术进行了综述。以期通过本书的介绍,能够为读者在公路沥青路面预防性养护技术方面提供参考与借鉴。

本书主要汇集了笔者在工作、实践中取得的一些研究成果。在撰写过程中,笔者参阅了相关文献资料,在此谨向其作者深表感谢。

由于水平有限,加之时间仓促,书中难免存在一些不足和疏漏,敬请广大读者批评指正。

著 者
2021 年 10 月

目录 CONTENTS

第一章　公路沥青路面预防性养护基本概念

路面的敷设承担着两方面的基本职能：一是功能性地提供平整、抗滑的路表面，以便车辆可以安全、舒适地在其上行驶；二是结构性地承受车辆和环境作用的载荷，并将车辆行驶时的交通载荷传递和分布到路基上。路面的使用性能和服务能力则是反映实际路面能在多大程度和水平上体现出路面基本职能的两个概念。

沥青路面在交通载荷和环境因素的作用下，随着时间的推移会出现各种各样的病害，路面会变得凹凸不平起来，它们的抗滑能力和承载能力也会逐渐衰减和下降。伴随着路面使用性能的逐渐变坏，路面的服务能力也将变得愈来愈差。随着路面使用年限的增长，从路面混合料中抽提所得沥青的延度在不断地下降。当延度下降到 20cm 左右时，路面开始出现细料的失散；下降至 15cm 左右时，开始出现松散；下降至 10cm 左右时，开始出现裂缝；下降至 5cm 左右时，裂缝明显扩展；下降到 3cm 左右时，路面严重龟裂而开始破坏和失效。在路面病害的发展进程中，将伴随着路面服务能力的不断下降直至完全丧失它的使用性能。

为了保持沥青路面良好的使用性能并延长它的使用寿命，在路面寿命周期的各个阶段需要采用不同的养护维修措施来恢复和保证它的服务能力。分析病害的形成机理和原因、科学地对养护维修作业进行定义和分类是决定正确的养护维修对策的前提，也是沥青路面养护管理的基础。

第一节　预防性养护概念的形成与发展

1987 年，第十八届世界道路会议道路管理与养护技术委员会的报告中第一次提出了主动养护的建议："养护可以分为预防性养护或治疗性养护，它是根据养护工作是在缺陷发生前进行还是在缺陷发生后进行而定的"。由欧洲共同体委员会资助的研究项目"路面与结构管理系统"的研究报告"路面养护的经济性评价"中进一步明确了对预防性养护和治疗性养护的相关定义。

预防性养护是一种在病害严重程度达到能影响路面结构、安全性或用户舒适性之前就安排的养护作业，尽管用户可能并未感受到有关病害的影响。

治疗性养护是一种只有当病害严重程度达到影响用户安全时才安排的养护作业，因而是管理部门应尽的责任。

石屑封层、稀浆与微表封层、薄层罩面等沥青路面的表面处理技术很早就存在了，并已成功地应用在道路的养护上，但预防性养护作为一个完整的概念则是在总结大规模公路网养护维修经验教训的基础上提出来的。美国在 20 世纪 80 年代末期面对未来公路交通日益强化的挑战于 1987 年启动了一个庞大的战略性公路研究项目(SHRP)，其中第 3 个子项目，养护费用—效益就是专门从改善费用—效益的角度来研究养护技术的，它包括了一系列研究课题，其中 H—101 课题的研究对象就是裂缝填封、稀浆封层、石屑封层、薄层罩面等四种预防性养护技术。

H—101 课题"路面养护效益"包括了四个方面的研究内容：

第一，预防性养护对延长路面使用寿命的效果；

第二，四种预防性养护技术在不同的气候、原路面、交通量和路基条件下，路面服务能力的衰减规律；

第三，四种预防性养护技术在上述不同使用条件下的费用—效益比较；

第四，四种预防性养护技术在上述不同使用条件下的最佳实施时机。

在 1993 年 SHRP 计划结束之后，SHRP 第 2 个子项目"路面长期性能"的研究，仍在 FHMA 的支持下成为一个新的为期 20 年的路面长期性能研究计划(Long Term Pavement Performance Program，LTPP)继续进行，其中有关柔性路面预防性养护的专项课题 SPS—3 作为 H—101 课题的延伸和 LTPP 计划的一部分已于 1995 年完成了五年的跟踪研究。

SHRP 计划 H—101 和 LTPP 计划 SPS—3 课题的一个重要研究成果是提出了按目的、性质与功能对养护作业的分类方法，将养护作业分为预防性养护和矫正性养护两大类，并将预防性养护定义为："预防性养护是指对路面实施的，以防止损坏扩展或降低损坏发展速率为首要目的的表面处理"。

与此类似的还有文献在 1989 年给出的定义："预防性养护作为一种计划性的策略，其意图是抑制轻微的损伤，延缓损坏的进展并降低日常养护和维修的需求"。

各种表面处理技术本来早就存在，它们之所以能对路面起到预防作用与这些技术应用的时机有很大关系——当它们在不同的时机实施时，路面养护的费用—效益是不一样的；当实施时机不当时，就会失去预防性养护的作用。H—101 和 SPS—3 课题的另一个重要的研究成果是指出了实施预防性养护措施在时机上的重要意义，并对各种预防性养护技术在不同的使用条件下的费用—效益进行了比较，并对它们在不同使用条件下的最佳实施时机以及它们在何种使用条件下能获得最佳的费用—效益进行了评估。

因此，获得良好的费用—效益是预防性养护的重要前提，如果不能获得良好的费用—效益，预防性养护也就失去了意义。在进入 20 世纪 90 年代后期，预防性养护概念的一个重要发展就是增加了费用—效益的元素，AASHTO 在 1997 年对预防性养护的定义表述为"预防性养护是有计划地对原路面系统及其附属物进行的一种费用—效益良好的处理策略，它维护系统，延缓其进一步的损坏，并保持或改善系统的功能而不会显著地增加其承载能力"。这一定义是迄今为止最为普遍应用的定义。

预防性养护概念在 21 世纪的一个重要进展是明确了预防性养护与路面维护两个概念之间的关系。路面保持是公路网为保持其服务能力而设立的一个概念，最初的定义是"路面保持是一旨在保持国家公路网资产，提高路面性能，延长路面寿命和满足用户需求的工作计划"。联邦政府根据计划进行拨款，用于路面的翻修、重建。这一计划原来是不包括路面养护活动的，1995 年后冰茶法（ISTEA）等法案允许将联邦资金用于州公路和联邦助建公路的路面养护业务，将其纳入这一计划中，并将路面保持定义为："路面保持是一旨在保持国家公路网资产，提高路面性能，延长路面寿命和满足用户需求的工作计划，它包括了预防性养护、矫正性养护以及小修和大修，但不包括路面的改建和新建或重建"。由于路面保持的定义包含了预防性养护的含义，而且这两个术语又常常互换使用，虽然它们的含义是有差别的。这在公路界引起了某些混乱和它们用法上的不协调。在 2000 年左右，AASHTO 下属的路面保持州领导小组试图澄清两者之间的关系，并对"路面保持"给出了以下的定义："路面保持是所有为提供和保持道路服务能力而从事的业务活动的总和，包括保持国家公路网资产，延长路面寿命，提高路面性能，确保好的费用—效益和降低用户在时间上的延误。它包括预防性养护和路面小修的业务，而不包括新建路面和改建路面或路面的大修和重建"。为进一步理清各种养护维修作业的关系，联邦公路管理局 FH—WA 于 2005 年 12 月公布的"路面维护定义"备忘录中将路面维护定义为："路面维护是一种适用于路网级的长期战略计划，它利用一整套费用—效益良好的综合措施来延长路面的寿命，改善其安全性和满足行车人员的需求"。这一定义除去了"路面保持"原定义中公路网保值的成分，强调了路面维护的含义，因此翻译成"路面维护"更为合适。

预防性养护与路面维护概念在 21 世纪的另一个重要进展是从概念延伸到分类，进一步明确了按养护维修活动在路面寿命周期各个阶段的目的与功能进行分类的方法。在FHWA的备忘录中明确将路面整个寿命周期内的养护维修活动分为路面维护、路面结构性翻修（大修）和路面改建三大类，并将路面维护分解为预防性养护、日常性养护和非结构性小修三类不同性质与目的的养护作业。FHWA的备忘录还进一步明确了日常性养护、矫正性养护和非结构性小修的定义。

日常性养护是指按日程计划实施的旨在保持和维护道路系统的路况条件处于满意的服务水平的逐日性养护活动，诸如清扫、标志线维护、裂缝密封、小坑洞修补等。

矫正性养护是当路面出现未预见到的损坏时，对病害做出的旨在修复路面至可接受的服务水平的反应性养护活动，诸如坑洞修理、路面的局部修补等。

非结构性小修是指对原路面实施的非结构性的提高措施，其目的是消除那些与老化有关的，由环境辐射导致的自上而下的裂缝等路表面的损坏，诸如薄层罩面、铣刨后加铺薄层罩面等。

FHWA在其培训课程 FHWA—NHI—08—007 中进一步解释了不同类型的路面养护维修活动与路面状况条件之间的关系，并指出矫正性养护作为一种修复路面局部性损坏的反应性养护措施在路面寿命周期的各个阶段内都可以进行。

在20世纪末21世纪初，许多文献都将矫正性养护作为路面寿命周期养护维修作业的一个阶段来看待，这就模糊了积极主动的养护概念与被动反应的养护概念之间的差别。在国内的不少技术资料中还常常将矫正性养护等同于路面翻修的修理作业，或者认为路面翻修和路面重建等都属于矫正性养护的范畴。

第二节　路面病害与养护维修作业的分类

一、沥青路面的病害

路面病害是一种降低或导致降低路面服务能力的路面状况，它是各种病害机制表现出的可见结果。按照对路面基本职能的不同影响，路面病害可分为主要与路面性状衰减有关的病害和主要与路面结构损坏有关的病害两大类，前者主要影响路面在车辆行驶安全性、舒适性、快速性方面的功能，也可称为功能性病害；后者则主要影响路面承受交通和环境载荷的能力与耐久性，也可称为结构性病害。与路面性状损坏有关的病害又可分为局部裂缝（非载荷裂缝）、崩解、磨耗、泛油、错台等五类，与路面结构性损坏有关的病害则可分为全面裂缝（龟裂和网裂）、啷浆、冻胀(翻浆)等三类。

导致各种病害产生的原因各不相同,沥青路面发生病害的基本原因可归纳为以下四方面的因素:

第一,交通载荷作用的因素;

第二,路面材料特性的因素;

第三,环境载荷作用的因素(主要是温度和水损害);

第四,施工质量的因素。

各种病害形成的机制也各不相同,沥青路面的各类病害,根据形成机理的不同还可以进一步分解成多种不同的表现形式。

(一)裂缝类

裂缝首先可分为载荷裂缝和非载荷裂缝两类。载荷裂缝(疲劳裂缝)是由于交通和环境载荷的反复作用,因失去耐久性而形成的。由交通载荷形成的裂缝通常表现为小块间隔紧密的龟裂形式。由环境载荷形成的裂缝通常发生在车流量小,而路面在长时间气候因素的影响下,沥青老化发脆的场合,表现为小块间隔更加细密的网裂形式。载荷裂缝也可由于路面下层结构层的强度下降,弯沉过大而导致表面层超载,被车轮压陷形成龟裂。

非载荷裂缝则可分为横向裂缝、纵向裂缝、反射裂缝、块状裂缝和滑移裂缝等五种形式。

▶▶ 1. 横向裂缝(低温裂缝)

低温裂缝通常表现为与路面纵轴垂直的横向裂缝,而且常常以近似等间隔的形式出现,低温裂缝形成的机理是由于沥青路面表面温度下降而引起的温度收缩应力超过了沥青混凝土的拉伸强度而导致路表面的断裂。

▶▶ 2. 纵向裂缝

纵向裂缝表现为平行于路面纵轴方向的裂缝,导致纵向裂缝的原因多种多样,其形成机理也各不相同。纵向裂缝可以发生在摊铺的纵接缝处,尤其是发生在纵向的冷接缝处,纵向裂缝也可以发生在有严重车辙和侧向推移的混合料鼓起部位,这是由过高的轮胎压力和负荷造成的。纵向裂缝还可能由于基层或路基发生纵向的不均匀沉降而导致,也可由于下承层的断裂向上反射所致,纵向裂缝还可发生在缺少侧面阻挡的路面边缘,由重车碾压所致。

3. 反射裂缝

反射裂缝是由于下承层的不连续性扩张到面层结构而引起的,它的形成机理是下承层不连续的部位发生相对位移而导致沥青混凝土中的应力超过其拉伸强度而发生断裂。反射裂缝的一个重要特征是完全复制下承层的断裂(不连续)模式,所以它可以是横向的、纵向的、对角的、块状的裂缝。

4. 块状裂缝

块状裂缝一般表现为一系列互相连接的1~3 m的大块。除了由于反射导致的块状裂缝外,引发块状裂缝最常见的原因是温度应力加上混合料变硬、发脆,尤其在使用针入度低而含量高的沥青与细集料的场合。正是基于这一原因,块状裂缝最常发生在车流量低的道路和停车场等,低的车流量导致在其他病害出现之前,就先发生了沥青硬化、变脆的可能性。

5. 滑移裂缝

滑移裂缝通常呈现为一种表面材料的 U 形运动,并伴随着一系列的皱褶和裂缝,滑移裂缝形成的机理是车辆在制动、加速、转向时产生的水平推力超过了表面结构层与下承层之间的黏结强度,使两层之间发生滑移所造成的,其 U 形的顶点通常指向水平力的作用方向。

严重的推挤作用,会导致表层的应力过大而造成月牙形的坑洞,而在雨水侵入下会很快形成更大的坑槽。从机理上来看,导致滑移裂缝的主要因素是重载车辆在制动、加速时产生过大的水平推力和结构层之间层间黏结不良两个方面的因素。因此,在施工过程中结构层之间受到污染、没有喷洒粘层油或局部漏洒粘层油都有可能导致滑移裂缝的产生。

(二)变形类

1. 车辙

车辙是沿着轮迹带上发生的纵向渠道化的沉陷变形,可以呈现在一个轮迹带上,也可出现在两个轮迹带上,是变形类病害中最常见的形式。

车辙是由于在渠道化交通中车轮反复碾压沥青路面和推挤沥青混合料而形成的。在正常情况下仅仅是沥青面层的混合料在车轮的继续压实下发生轻微的变形。通常经过 2～3 个夏天,混合料中空隙率减少 2‰～3‰(例如从 7‰～8‰ 降至 4‰～5‰)是完全可能的,但这仅仅会引起 3 mm 左右的轻微车辙。

造成 1 cm 以上较大车辙的原因是沥青面层混合料的稳定性不足。混合料的塑性流动可发生在表面层,也常发生在中面层,因为这里的拉应力通常最大,车辙也可由于下面层,甚至基层的变形引起。

▶▶ 2. 推挤和拥包

推挤是由车轮在制动、转向、起步时的水平推力引起的,它造成材料的水平推移而使路面凸起,形成拥包。此类病害多发生在市区交通繁忙、行驶缓慢的路段,尤其是在交叉路口和公共车辆的停车站。

导致混合料发生剪切流动的原因是沥青混合料的稳定性不足,而导致结构层之间发生相对滑移的原因则是结构层之间的黏结不良。

▶▶ 3. 搓板

搓板也称波浪,是一种紧挨而呈步长规律的纵向起伏,波长通常小于 2 m。搓板是推挤的一种形式,它是由于连续的推挤形成的,有着与推挤相同的成因,这种连续的推挤常常发生在交叉路口和公共车辆的停车站。

▶▶ 4. 沉陷

沉陷表现为路面局部区域低于相邻的区域,通常伴有裂缝。沉陷主要是由于基层、路基的下沉而引起的。这种下沉可以表现为横向的错台(纵向的不均匀沉降,例如桥头沉降),纵向的错台(横向不均匀沉降),也可表现为局部小区域的下陷(盆状沉陷)。盆状沉陷是由于基层局部强度不足引起的,通常发生在轮迹带的唧浆处,伴随着局部的网裂,很快可扩大为坑洞。

(三)崩解类

▶▶ 1. 松散

松散表现为沥青路面表层由于黏结剂和集料,首先是细集料损失而引起的渐进性的崩解。它是一种自上而下的过程,其特征为集料颗粒之间裹覆的沥青丧失黏结力。

沥青路面发生松散病害的基本原因可以分为两类,一类是由沥青老化、变脆和细料的磨耗损失而引起;另一类是由于路面受雨水的冲刷而导致表层混合料的沥青膜剥落所致。

在正常情况下,由于交通载荷和环境的作用,沥青路面表层的黏结剂会逐渐老化、变脆,细集料会由于磨耗、冲刷而流失,出现麻面、露骨等缓慢的渐进性的崩解是不可避免的。但是如果由于材料质量不良、混合料配合比设计和控制不正确、施工中发生材料和温度的离析或在湿冷条件下施工等不正常的情况,则崩解的进程会大大加快,成为沥青路面的早期病害。

▶▶ 2. 剥落

剥落是一种以集料与沥青之间由于水损害而丧失黏结为特征的病害,它开始于沥青混合料铺层的底部而逐渐向上扩展。剥落可以表现为多种不同的病害现象,如车辙、推挤、泛油、松散、裂缝等。诱发沥青路面发生早期水损害的原因,可归纳为以下几方面的因素。

第一,由于缺乏良好的路面排水系统而导致水在沥青面层底部的潴留是诱发剥落现象的首要因素。水可以以多种方式进入沥青路面的各个结构层,可以从混合料的空隙中,特别是裂缝中进入,也可以从侧面和底部通过毛细作用而渗入沥青面层。

第二,使用亲水性的集料而没有采用有效的抗剥落剂常常是导致沥青膜剥离集料颗粒的重要原因。集料中含泥过多,集料颗粒被过多的粉尘包裹则会加剧混合料发生水损害的进程。

第三,在施工方面:集料的含水量过大、在烘干筒中未能充分地去除水分,将增大诱发沥青膜剥落的倾向;热沥青混合料在拌制过程中产生的不均匀性,在运输、摊铺过程中导致的材料与温度离析,压实过程中产生的压实不均匀性都将导致混合料的孔隙率过大,加剧沥青路面局部的水浸入,这些均将诱发沥青膜的剥落现象。

▶▶ 3. 坑洞

坑洞表现为一种相对较小面积的碗状洞穴,通常呈浅盆状(深 25～50 mm),

也可贯穿面层直至基层。坑洞常常是其他病害未经及时处理而进一步发展的结果。龟裂、松散、剥落、唧浆、沉陷、推挤、冻胀、翻浆等病害都可发展为坑洞。

单纯由龟裂、松散引起的坑洞通常为渐进性的，深度也较浅。如果由于水分通过裂缝，特别是龟裂，侵入面层结构层而导致沥青膜剥落，则会迅速扩展为坑洞，往往一场大雨过后就会出现坑洞。

由于唧浆和面层底部发生剥落导致的坑洞往往较深，通常伴随着由于基层变软而发生的局部沉陷。这些坑洞大都是从唧浆开始的。

由于冻胀、翻浆引起的坑洞是北方寒冷地区最常见的坑洞病害，往往经过一个寒冬，大批出现在春天开冻的季节。冻胀是因基层、路基中的水在冬天结冰，体积膨胀而导致路面向上隆起，并在气温上升融化时向上翻浆，伴随着出现坑槽。

▶▶ 4. 分层

分层表现为磨耗层局部区域大块剥离下承层，通常磨耗层与下承层间会出现清晰的分界分层是由于磨耗层与下承层之间丧失黏结力而引起的。导致丧失层间黏结力的基本原因有以下两种：

第一，在摊铺磨耗层前，下承层表面有严重污染、未喷洒粘层油或粘层油覆盖不全导致局部区域丧失层间黏结力；

第二，由于水分潴留在磨耗层底部的局部区域，而破坏了磨耗层与下承层之间的黏结。

(四)丧失抗滑阻力类

▶▶ 1. 泛油

泛油是一种在车轮反复碾压下沥青向上运动的现象，它表现为集料部分或全部浸没在沥青膜中而导致失去构造深度和丧失抗滑能力。导致沥青路面泛油的基本原因是面层某一结构层的沥青含量过大，造成沥青含量过大的因素主要有混合料中沥青含量过大；透层、粘层和封层中的沥青用量过大；沥青混合料的现场空隙率控制过小；下层路面的沥青膜由于水损害而剥落，在车轮的碾压下向上泛起至表面。

▶▶ 2. 磨光

磨光是路表面的粗集料在车轮的摩擦作用下失去纹理而变得光滑的过程，并表现为摩擦阻力的下降。导致磨光的因素主要是石料质地较软或使用原已磨光的集料，当细集料因车轮的磨耗而失落，使粗集料露骨时，将加速磨光的进程。

二、沥青路面养护维修作业的分类

路面养护维修作业的分类基本上存在着两种方法，一种是按作业工程量的规模和大小来划分；另一种则是按作业的目的、性质和功能来划分。在 20 世纪 80 年代以前，大多数国家都只是对路面的养护维修作业分为路面养护和路面翻造或重建等两大类，而没有对路面养护维修作业进行更细的划分。养护包括清扫、除雪等交通服务类和物理养护等两类，建造包括改善和新建与重建等两类。

在 1976 年前，联邦公路总局的配套资金只是提供用于新建公路，1976 年颁布的联邦公路法规除新建公路以外增加了三项新的拨款，即重新罩面、复原和翻修，并将路面翻修定义为除养护和重建以外的所有维修作业。从此，联邦公路总局将路面的养护维修作业分为三大类：养护、翻修和重建。

总部在法国的世界道路协会在 1983 年悉尼召开的第 17 届世界道路会议道路养护与管理技术委员会的报告将道路的养护维修作业分为日常养护、定期养护、特殊养护、改善养护等四类，在 1987 年布鲁塞尔召开的第 18 届世界道路会议的技术报告中将日常养护和定期养护合在一起称为一般养护，它包括了一切可列入计划定期进行的道路养护工作，例如道路清扫、路边植被的修剪与移栽、道路标志和路面标线的养护、道路及其附属设施局部损伤的修理、路面磨损和局部病害的修复、表面处治和重新罩面、冬季养护等。特殊养护是指由于突发事变，例如滑坡、雪崩、洪水等所造成的道路破坏，也包括道路由于缺少必要的养护而造成严重破坏而需要局部重建的工程。改善养护是指为改善路况和提高通行能力、行驶安全性、改善环境条件所进行的道路重建工程。在这里可以看到养护一词是包含了所有养护维修作业的广义名称，其狭义的养护作业实际上都包含在一般养护的分类内，而特殊养护和改善养护则主要是指道路的翻修和重建。

类似的分类也可在日本 20 世纪 80 年代初的文献中看到，1981 年出版的《道路维持修缮工法》将道路的养护维修作业分为养护（维持）和修缮两大类。在沥青路面的养护中包括了坑洞修补、裂缝填封和表面处理（包括石屑封层、薄层罩面、雾封层、稀浆封层和树脂类的表面处治）。在修缮类中包括了罩面、铣刨后罩面和铺装层重建。

苏联对道路养护维修作业的分类方法来源于汽车保养维修的分类方法，将养护维修作业按工程量的大小和技术难度分为保养、小修、中修和大修四类。我国现行养护技术规范按照工程性质、技术复杂程度、规模大小将公路养护工程划分为小修保养、中修工程、大修工程和改建工程四类。这种分类方法是从苏联来源于汽车保养维修的分类方法引入的,它的缺点是以修理作为分类的核心,并以修理作业量的大小来划分技术的易难程度,容易造成"重修理轻养护"的观念。

更为合理的分类方法是按照养护维修作业的性质、目的与功能来进行分类。按养护维修作业的目的、性质和功能进行分类的方法是在欧洲等一些发达国家20世纪80年代中期总结大规模公路网养护维修经验教训的基础上提出预防性养护概念之后逐步形成的。

根据路面养护维修作业的性质和目的,沥青路面的养护维修作业首先可以分为路面维护(养护)、路面翻修和路面重建三大类。

(一)路面维护

路面维护是以保持路面安全、舒适行驶的基本功能和延长路面使用寿命为目的,而对路面采取的养护措施。路面维护包含了以下三种养护作业。

▶▶ 1. 路面的日常性养护

日常性养护是一种按计划进行的使路面保持和维护在良好服务水平上的例行性养护工作。日常性养护通常包括清扫路面、边沟、排水系统、构筑物等,排除路面积水、积雪、积冰,维护路面标志线,密封路面的自上而下的非载荷裂缝,处理路表面轻微的坑洞、拥包、变形、松散、磨光、泛油等病害。

▶▶ 2. 路面的预防性养护

预防性养护是指那些以保护路面、延缓病害发生、防止轻微病害进一步扩展,以及延长路面使用寿命、保持路面基本职能为目的的主动性养护作业,它通过延长路面使用寿命和保持路面良好服务能力而获得良好的费用—效益,是路面维护的一种养护作业中最主要的部分。

预防性养护通常应在路面状况处于完好至良好的阶段实施,此时路面没有明显的病害或只有轻微缺陷与病害迹象。预防性养护没有路面补强的功能,因而不能期望预防性养护具有改善路面强度和承载能力的作用。

▶▶▶ 3. 路面的复原性养护

复原性养护是指那些以延长带有较小病害路面的使用寿命为目的的养护作业。复原性的养护通常适用于路面的病害局限于发生在表面层或接近表面层的部位,例如由于沥青老化或温度变化而形成的自上至下的非载荷性裂缝、发生在表面层较浅的车辙病害、由于施工或材料因素导致的表层坑洞等,这些病害的修复通常需要清除部分的路面材料并铺设新的混合料罩面。复原性养护填补了预防性养护和路面翻修之间的空白,可显著提高路面的服务能力,从而延长路面的剩余寿命,但不会实质性地增加它的强度和承载能力。复原性养护通常应在路面状况处于良好至较好的阶段进行。

在实施路面维护的过程中常需要对路面的局部损坏或病害进行修补,这种养护作业被称为矫正性或修复性养护。矫正性养护是修补路面出现的诸如中度的车辙、坑槽、扩展的裂缝、泛油导致的抗滑性能衰减等局部性的损坏或病害的养护作业。修复性养护是一种"反应性"的非主动的局部性养护措施,是病害出现后再采取的措施,它可在路面寿命周期的各个阶段进行。

(二)路面翻修

路面翻修是指路面的损坏已经波及路面的大部分面积和结构层,使之发生全局性的结构性损坏,从而需要在一定深度下对路面进行结构性的再生和重铺的修理作业。路面的翻修可以是全深度或部分深度的翻修,路面的全深度翻修通常是指不触动底基层的路面翻修,也可以是指深度达到路基的翻修。路面部分深度翻修通常是指一定深度的沥青面层或整个沥青层的翻修。路面翻修可实质性地改善路面的结构承载能力和行驶功能,并实质性地延长路面的使用寿命。

(三)路面重建

路面重建是指路面由于没有及时进行翻修、补强而使路面所有结构层,包括面层、基层和底基层,都发生结构性破坏而需要对各结构层进行重建的作业。路面重建通常需要清除所有结构层(包括沥青面层、基层和底基层)的材料,而重新铺筑新的结构层。路面重建有时还需要考虑路基和排水系统的修补、改造,基层、面层的补强以及几何线形的变化等路面改建方面的问题。

第三节　预防性养护和路面维护的战略意义

预防性养护是一种费用—效益良好的养护决策,它的好处主要体现在以下方面。

第一,保持路面良好的使用性能,减少交通事故的发生率,使社会公众获得对行车的安全性、高速性、舒适性更高的满意度。

第二,改善路况条件,延长路面使用寿命,减少对路面实施矫正性养护和修理作业的频率,降低对公共交通的干扰程度。

第三,节约养护维修费用。在路面寿命周期内年平均养护维修费用的节约是通过延长路面使用寿命获得的。在节约养护维修费用方面的另一个优点是由于延长了路面翻修的周期时间,使年养护维修费用的预算变得更加均衡。

第四,正确实施预防性养护可以使养护决策建立在更为可靠的信息基础上。这是因为预防性养护要求检测跟踪现状路面的路况变化规律,及时发现病害发生的迹象,从而可以为养护决策提供可靠的依据。

第五,推动养护新材料、新工艺、新技术的发展。由于预防性养护追求的思路是寿命周期的最佳费用—效益,因而对采用养护的新材料、新工艺、新技术有着更大的积极性。即使采用某些新技术会增加预防性养护的原始成本,但只要能降低路面整个寿命周期的养护维修费用,仍将具有很大的吸引力,这显然有利于推广、应用更为先进的养护技术。

第六,提供间接的社会经济效益。预防性养护的实施除了直接的社会经济效益外,还会因改善路面的使用性能、减少交通事故和交通拥堵、降低养护维修对交通的干扰、减少行驶车轮的燃料消耗和维修成本等因素而带来可观的间接社会经济效益。

以上的优点表明预防性养护是路面管理系统中一项具有重大战略意义的养护策略。许多研究工作在理论和实践上分析了预防性养护良好的费用—效益及其在改善路面使用性能和延长使用寿命方面的优越性。图1—1和图1—2是这些研究结果的典型例子。

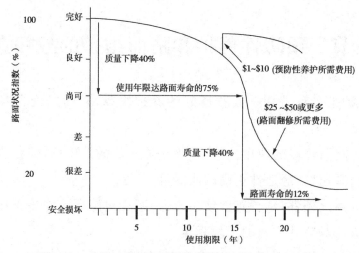

图 1-1　未及时进行预防性养护将导致费用的大幅增长

图 1-1 是综合了文献的研究结果而套制的采用与不采用预防性养护的费用比较不同。从图 1-1 中可看到,路面性能从完好到质量衰减 40% 的过程进展比较缓慢,如在此期间,尤其是在路面只出现轻微的损坏或病害的迹象时能及时实施预防性养护。

每平方码的路面只需花费 1~10 美元就可以使其恢复较好的服务能力(路面性能的衰减愈接近"尚可"费用愈高)。如果在这一阶段不采取养护措施而继续使用,则衰减速率将急剧加快,再使用 12% 的路面寿命,就达到了其第二个 40% 的质量下降,这一阶段是必须进行路面翻修的阶段,超过这一阶段则路面将完全损坏,丧失使用功能而只能重建。让路面损坏至不得不采用翻修的措施时,则每平方码要花费 25~50 美元或更多。

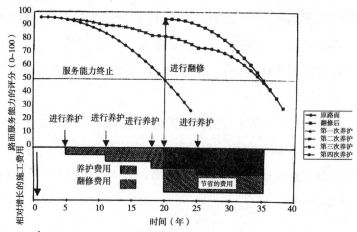

图 1-2　美国 LTPP 计划 SPS-3 课题对预防性养护在保持路面良好使用性能、延长路面使用寿命、节约养护维修费用研究结果的一个总结

在图 1-2 中可以看到经过三次预防性养护,路面服务能力的评分仍可达到

75 分以上,路面经过 4 次预防性养护而终结其寿命周期,共延长使用寿命 15 年,养护维修工程总费用可节省约 45%。

第四节　预防性养护技术的发展

一、传统的预防性养护技术

(一)裂缝填封

路面裂缝的处理是养护沥青路面经常要进行的作业,它可以分成裂缝填封和裂缝修理两类。只有对发生在水平面上(垂直面无相对移动)的裂缝,例如低温裂缝、反射裂缝等,所做的表面处理才属于预防性养护。对在垂直面上发生的裂缝,例如纵向的不均匀沉陷、横向构筑物发生的错台等,通常需要进行局部路面的修补,则应属于矫正性养护(裂缝修理)的范畴。

裂缝填封包含了扩缝、清理、填充密封材料、封面等多个工序,使开裂的路面密封起来,从而起到防止裂缝进一步扩展的作用。裂缝填封的目的是防止雨水、冰雪和不可压缩的物体进入裂缝而导致路面结构的进一步损坏,但不会增加路面的结构强度。裂缝填封主要适用于非载荷性的裂缝,例如由于温度变化而引起的横向和纵向裂缝、下承层裂缝引起的反射裂缝、施工不良引起的接缝裂缝。裂缝填封不适用于处理龟裂、网裂等载荷性的裂缝,也不适用由于不均匀沉降引起的垂直面内的裂缝。

(二)雾层封层

雾层封层是将雾状的乳化沥青喷洒在老化的沥青路面上,其目的是更新和还原路表面已氧化的沥青膏体。为更好地还原已老化的沥青膏体还可采用专门的再生剂喷洒在路面上,并让它渗入路面 6 cm 左右,也称还原剂封层。

雾层封层和还原剂封层都有一些共同的特点:

第一,施工后需要较长时间才能开放交通;

第二,必须严格掌握单位面积的喷洒量,过多的喷洒量会在路表面形成一层薄膜而使路面丧失摩擦阻力;

第三,必要时需采用铺砂的方法,以改善其抗滑阻力。

由于上述原因,雾层封层通常主要用于低交通量、低速的道路和停车场上。

(三)石屑封层

单层的石屑封层是最早出现的沥青路面表面处理技术,其施工方法是在路面上喷洒一层沥青材料(热沥青、轻制沥青、乳化沥青等),紧接着撒布砂、单粒径或适当级配的集料,并紧跟着进行碾压。

石屑封层是一种敷设简单、易行、价格低廉的养护方法。它的缺点是需要较长的初期养护时间,高速行驶时噪声过大,路面上的松散集料还会被高速行驶的车轮带出而撞击黏附在车身和挡风玻璃上,集料的失落,还会导致抗滑能力的衰减,所以一般很少用在大交通量和高速行驶的道路上。

(四)稀浆封层和微表封层(微表处)

稀浆封层或微表封层是一种由乳化沥青或改性乳化沥青、完全破碎的集料、矿粉、水和添加剂组成的稀浆状的混合物,在拌和均匀后被摊铺到原有的沥青路面上形成一层与原路面结合牢固、具有抗磨表面结构的均匀养护层。

稀浆封层和微表封层由于其良好的抗滑性能、快速凝固成型、早期开放交通,省去了喷洒和碾压工序,一台机械即可连续作业以及简单的施工过程和很高的生产效率,因而更加适用于大交通量和高速行驶的道路上。

(五)薄层罩面

薄层罩面也是一种很早采用的传统养护方法,它是在原有路面上加铺一层厚度不超过 2.5 cm 的热拌沥青混合料薄层。

薄层罩面具有一定的改善原路面平整度和校正轮廓的能力。但由于压实上的困难,薄层罩面不能期望它具有提高沥青路面结构强度的能力。

薄层罩面的造价通常是各种预防性养护技术中最高的,其最佳实施时机应为原路面路况较好的时期,并选择在气温较高的季节进行。

二、预防性养护技术的新发展

近十余年以来预防性养护技术的发展趋势主要表现在以下几方面。

第一，在材料方面，出现了一系列性能更好的养护材料，为预防性养护技术的发展提供了更好的材料基础。

第二，在工艺和设备方面，为克服传统工艺的某些不足，采用不同养护工艺的复合应用，通过优势互补来改善预防性养护的效果，出现了某些新的养护工艺以及为其服务的新设备。

第三，在养护层的结构上，从两种养护层结构的边缘上衍生出不同结构厚度的新品种

20世纪90年代以来出现了不少新的预防性养护技术，它们在养护层的厚度上填补了厚度结构上的空白。这些新的预防性养护技术主要有含有细集料的路面喷涂保护层、单层和双层的橡胶沥青石屑封层、超薄结构磨耗黏结层、橡胶沥青薄层罩面等。养护层厚度为1～2 mm的路面喷涂保护层填补了雾层封层与稀浆封层之间的空白。橡胶沥青石屑封层和超薄结构磨耗黏结层填补了微表封层与薄层罩面之间的空白。橡胶沥青薄层罩面则可将预防性罩面厚度增加到30 mm。这些新出现的预防性养护技术可更好地适应路面的不同损伤情况，为实施沥青路面预防性养护决策时，提供了更多的选择余地。

第二章　公路沥青路面预防性养护材料

第一节　预防性养护材料的技术要求

预防性养护要解决的是路面的功能性衰减问题,无论是裂缝填封还是表面封层、薄层罩面都不可能实质性地增加路面的结构强度和承载能力。因此,对预防性养护材料的要求除集料与结合料的一般性要求外,更为重要的是它们与维护路面、防止病害进一步恶化、恢复或改善路面安全行驶功能有关的路用性能。

一、预防性养护对集料技术要求的特点

(一)耐磨性与抗压性

养护层中的集料直接承受着车轮的碾压和磨耗作用,集料的耐磨性和抗压性对于保持养护层的微观抗滑性和寿命有着重要作用。因此,粗集料的压碎值、软石含量、洛杉矶磨耗值、石料的磨光值等技术指标,应比普通沥青混合料的粗集料有更高要求。

(二)棱角性

集料的棱角性对于增强集料之间的嵌挤作用和提高养护层的宏观抗滑性具有重要意义。对于石屑封层来说,石屑之间的嵌挤作用有助于抵抗车轮高速行驶导致的石屑脱落。对于稀浆封层来说,集料的棱角性对形成表面宏观抗滑能力有着特殊的作用。对于薄层罩面来说,集料嵌挤结构有利于提高混合料抵抗车轮水平推移的能力。因此,粗集料的针片状颗粒含量,细集料的粉料含量、砂当量、亚基甲蓝等技术指标应用比常规的沥青混合料有更高的要求。

(三)集料与沥青材料的相容性

集料与沥青材料的相容性对集料颗粒之间以及养护层与原路面之间的黏结强度和抵抗水损害的能力起着重要的作用。因此,预防性养护对于集料与沥青材

料的黏附性有着很高的要求,除常规沥青混合料的集料黏附性试验外,常常需要采用某些特殊的试验方法来检验集料与沥青材料的相容性。

二、预防性养护对黏结材料技术要求的特点

(一)黏附性

黏附性是指集料或原路面与黏结材料黏合在一起的结合力,它代表材料在黏结界面上的强度,在很大程度上受集料与黏结料之间的相容性的影响。黏附性可分为被动黏附性和主动黏附性两类。被动黏附性是指黏结料与矿料之间的相互黏结抵抗被水分取代的能力,大部分抗剥落剂都是被动黏附型的,用来增强黏结材料与矿料之间的被动黏附性。主动黏附性是指黏结材料喷洒在湿的表面上取代水分而与之黏结的能力,由于矿料的亲水性,对于无极性的沥青来说要取代水分是很困难的,因而黏结材料的主动黏附过程通常需要主动黏附剂的参与和作用才能完成。

黏附性直接影响着养护层维护原路面的能力和寿命。对于石屑封层来说,不良的黏附性是导致石屑失落、封层与原路面脱落的主要原因。对于稀浆封层来说,封层松散、剥落、铺层分层、脱落等病害与黏附性不足直接相关。对于薄层罩面,结合料的黏附性决定着混合料抵抗水损害的能力。

(二)黏聚性

黏聚性是指黏结材料内部分子相互黏合在一起的结合力,它代表了黏结材料本身抵抗外力作用的强度。

黏结材料的黏聚性不良同样可以导致养护层的集料失落、表面松散、分层、脱落等病害,是黏结材料路用性能的一项重要指标。黏结材料的黏聚性通常用它的拉伸强度和剪切强度来表示。前者常用直接拉伸试验和测力延度试验来检验,后者则通过冲击摆剪切试验来测定。黏结材料抗剪切能力对养护层承受交通载荷的影响尤为明显地表现在石屑封层上,因而冲击摆剪切试验最初是专为表面处治而开发的,但随后在欧洲标准中已将 EN 13588《用摆式试验确定沥青结合料的黏聚力》的试验结果列为评价各种沥青材料(纯沥青、改性沥青、轻制沥青、乳化沥青)路用性能的指标之一。

（三）黏弹性

沥青材料是一种与温度和加载时间相关的黏弹性材料,对于沥青混合料来说,通常希望在使用温度的高温区域结合料能具有高的劲度和低的黏性,从而使混合料获得较高的抗车辙性能;在中温区希望结合料具有低的劲度和高的弹性,从而使混合料可获得较好的抵抗疲劳破坏的能力;在低温区则希望结合料具有低的蠕变劲度和高的蠕变速率,从而使混合料获得较好的抵抗低温裂缝的能力。对于预防性养护来说,对结合料黏弹性的要求与沥青混合料相比,应该有所不同。预防性养护要解决的重点问题首先是防止或延缓低温裂缝、反射裂缝的发生以及裂缝填封的开裂,其次是抗疲劳裂缝的能力,而对于厚度很薄的养护层来说,抗车辙的性能不应成为主要的问题。因此,对用于预防性养护的黏结材料,希望它在中、低温区具有低的劲度模量、高的弹性和高的蠕变速率,这意味着黏结材料将具有良好的变形和应力松弛性能,从而有助于提高抵抗各种裂缝产生的能力。

（四）抗老化性

老化是指沥青材料在环境因素的作用下变硬、发脆而丧失其黏弹性的现象。黏结材料老化的危害主要表现在降低抵抗低温开裂和疲劳龟裂的能力上。预防性养护层是一层很薄的表面层,它完全暴露在空气、水、阳光的照射中,所以比沥青混合料的常规面层更容易导致黏结材料的老化,从而影响预防性养护的效果和寿命。因此具有良好的抗老化性能是对预防性养护黏结材料的一项重要要求。

（五）施工温度下的流动性（黏度）

施工温度下的黏度也是一项有别于沥青混合料的技术要求。对于常规的沥青混合料来说,从施工的和易性角度出发,通常希望沥青在施工温度下有较低的黏度,以便更容易进行拌和、摊铺和碾压作业。但是从预防性养护技术性能的角度来看,这一要求往往是矛盾的。这是因为喷洒在原路面上的黏结材料,如果流动性很高,将由于路面的坡度而流走,不能形成较厚的养护层,而裹覆在集料颗粒上的沥青将由于流动性高而不能获得较厚的沥青膜。厚的沥青养护层和沥青膜对于改善沥青与集料和原路面之间的黏附性,提高其密水性和抗疲劳、抗水损害、抗老化的能力都有巨大的好处。这一点对于石屑封层、开级配的排水性薄层罩面和超薄磨耗黏结层来说,显得尤为重要。厚的沥青养护层将有利于降低石屑失落、封层剥离的风险,在集料上裹覆有厚的沥青膜将有助于提高开级配排水性混合料抗疲劳和抗老化、抗水损害的能力,从而降低发生松散病害的风险。因此,对于用于预防性养护的黏结材料,需要很好地平衡施工和易性和低流动性之间的技术要求。

鉴于黏结材料上述五方面路用性能对预防性养护措施的效果和寿命的重要性,它们的各项技术指标应该比常规的沥青混合料的结合料具有更高的要求。

第二节　传统的预防性养护材料

传统的用于预防性养护的黏结材料是黏稠沥青、轻制沥青(稀释沥青)和乳化沥青。从历史发展角度来看,作为养护材料核心的沥青一直在向着冷态施工和改性两个方向发展。冷态施工的沥青材料可分成轻制沥青和乳化沥青两大类。轻制沥青是由煤油等石油类溶剂将黏稠沥青稀释而成的液体沥青。由于石油溶剂的挥发会导致环境污染,并白白地浪费宝贵能源;溶剂的挥发需要一定时间,从而延长了初凝与养生的时间;以及石油溶剂容易着火等原因,轻制沥青目前已基本被乳化沥青所取代。热态沥青由于能耗高、沥青烟雾的污染以及在方便性、安全性、费用—效益方面的因素,除改性热沥青外,在预防性养护中的使用也在逐渐缩减。因此,乳化沥青是传统沥青材料中用于预防性养护最为广泛的一种材料。

一、乳化和破乳、凝固与固化

(一)乳化

乳化沥青是一种由水、沥青和乳化剂三种基本成分组成的乳液,在乳液中作为分散相的沥青微滴依靠附着于其表面上带静电荷的乳化剂离子团的同极排斥作用,稳定地悬浮在连续的水相中。一般来说,为改善乳化沥青的性能还常加入其他一些添加剂,如稳定剂、抗剥落剂、裹覆促进剂、破乳控制剂等。

在沥青的乳化过程中,机械研磨剪切作用和乳化剂亲水与亲油的两亲作用是两个最主要的影响因素。在乳化过程中首先要通过机械的研磨剪切作用将沥青分割成很小的微滴,但是单纯的沥青微滴是不可能稳定地分散在水中的,它们会很快地重新凝聚在一起,乳化剂的作用就是利用它的亲油性附着于沥青微滴的表面,使其带有静电,并通过静电的排斥力来防止沥青微滴的相互接近。

乳化剂是一种表面活性剂,它的分子结构是由亲水性的有极性的头部和亲油性的无极性的尾部组成的。

沥青的乳化过程是将加热成液体状态的热沥青和乳化剂的水溶液送入胶体磨(或其他机械研磨剪切装置),在一定的压力下将沥青切割成沥青的微滴,与此同时乳化剂的亲油尾部引入沥青微滴,而其亲水头部则带有正电荷(阳离子乳剂)或负电荷(阴离子乳化剂)。

(二)破乳、凝结与固化

乳化沥青在施工与养护作业的应用中,在乳液喷洒至路面或裹覆在集料表面之后,必须使悬浮的沥青微滴逆转为沥青的连续相。破乳、凝结与固化就是乳液中沥青微滴析出并转变为连续性的沥青膜并最终还原为复原沥青的过程。

乳化沥青的破乳、凝结与固化可分为以下四个阶段。

1. 扰动

乳液内的物理与化学变化导致沥青微滴开始相互靠拢。

2. 絮凝

当乳化剂被集料所吸收时,沥青微滴开始凝聚。

3. 凝结

形成连续性的沥青膜,沥青残留物开始显示黏性和劲度。

4. 蒸发

水分完全地蒸发,使基质沥青的劲度和黏附性得以完全显现。

影响破乳与凝固过程速率的因素主要有以下四方面。

(1)集料方面的因素

第一,集料表面的粗糙度、多孔性。集料表面纹理粗糙、多孔容易吸收更多的水分,从而加快破乳的进程。

第二,集料的表面积与粒径。集料的粒径细、比表面积大将增大乳液与集料接触面、吸附更多水分,乳化的速率也将加快。

第三,集料的含水量。湿的集料将增加乳液水分蒸发的时间而延缓凝结、固化的过程。

第四,集料表面化学特性。集料表面的电荷和离子特性会影响集料与沥青的黏附,对于阳离子乳液来说,集料表面增强的离子、电荷会促进沥青微滴的凝聚;对于阴离子乳液来说,集料表面带有钙、锭等离子可以与某些阴离子乳液发生反应而加速沥青微滴的凝结过程。

(2)气候方面的因素

气候是影响破乳、凝结、固化过程的重要因素,一般来说,气温高、湿度小、风速大的气候条件将加速乳液破乳、凝结和固化的过程。

(3)外力作用方面的因素

乳化沥青与集料接触后受到压路机、施工车辆的碾压,会促使水分从乳液中排出而加速其破乳、凝结、固化的过程。

(4)乳化剂的类型和数量方面的因素

乳化剂的特性是决定乳化沥青破乳、凝固过程速率最主要的因素。对不同速率要求的乳化沥青应采用不同类型的乳化剂(快裂、中裂、慢裂或慢裂快凝乳化剂)。对于同一类型的乳化剂,增加其在乳液中的数量,通常可减慢它的破乳速率。

二、乳化沥青的分类和技术标准

乳化沥青按其用途可分成喷洒型和拌和型两大类。喷洒型乳化沥青的性能更多要考虑乳化沥青与喷洒表面(路面)界面相互作用的特性,例如对雾封层要考虑乳液渗入原路面的能力,对石屑封层要考虑乳液的流动性和沥青与原路面的黏结强度等。拌和型的乳化沥青其性能更多地要考虑乳液与粗、细集料的拌和性能、裹覆性能及破乳、凝结时间的可控制性。例如对冷拌沥青混合料需要根据运输、摊铺、碾压时间来调节破乳的速率,对稀浆封层需要有慢裂快凝的特性等。

乳化沥青按沥青微粒的极性可分为阳离子、阴离子、非离子乳化沥青。从历史发展来看,最早出现的是阴离子乳化沥青。阴离子乳化沥青的沥青微滴带有负电荷更适用于石灰岩等带有正电荷的集料。阴离子乳化沥青的缺点是不能很好地与潮湿的集料相结合,这是因为在湿润的集料表面普遍带有阴离子负电荷,由于同性相斥,不能使沥青的微滴很快凝聚到集料表面,需要水分蒸发至一定程度后才能与集料黏附,延长了凝固的时间,所以阴离子乳化沥青主要用于石灰岩和要求慢裂性的场合。阳离子乳化沥青是 20 世纪 60 年代以来开始发展起来的,它的优点是乳液中的沥青微滴带有正电荷,由于异性相吸的作用更容易与潮湿的集料相结合,黏附性也更好,所以可同样适用于酸性和碱性集料,且破乳、凝固时间短,有利于早期强度的形成。阳离子乳化沥青由于上述优点,获得了迅速的推广应用,是目前应用最为广泛的乳化沥青类型。非离子乳化沥青目前很少使用,主要用于透层油和稳定基层,但可能在未来是很有前景的发展领域。

乳化沥青还可按乳液中沥青微滴破乳、凝聚、复原为沥青的快慢分为快裂、中裂、慢裂或快凝、中凝、慢凝型的乳化沥青。由于乳化沥青的破乳和凝固速率通常是一致的,亦即破乳快凝固也快,破乳慢凝固也慢,所以这两类名词常常是通用的。但是随着技术的发展,在某些场合下会要求破乳与凝固具有不同速率,例如对于稀浆封层这样的工艺,要求乳化沥青有较慢的破乳速率,以便获得拌和更为均匀的混合料,而当它们摊铺至地面后则希望很快地凝固成型,以便尽快地开放交通。于是出现了主要供稀浆封层用的慢裂快凝型乳化沥青,称之为速凝型。

在技术标准方面,乳化沥青不像热拌热铺用的沥青那样,不同的国家标准所包含的技术指标基本上是一致的,世界各国乳化沥青的技术标准在性能的评价指标和对它们的技术要求方面都存在着较大的差异。但是不同的技术指标总可以分为评价乳液特性和评价水分蒸发后的沥青残留物特性两大类。

对于评价乳液特性的技术指标还可以从它们所评价的性能方面分为以下几类:

第一,组成成分:沥青、水、稀释油;

第二,离子电荷极性:阳离子、阴离子、非离子;

第三,流动性:黏度;

第四,稳定性:抵抗破乳的能力(反乳化度)、破乳速率、沥青微粒悬浮稳定性、长期贮存稳定性;

第五,与集料的拌和性能:拌和均匀性、黏附性与抗水损害性。

上述乳液的特性主要涉及乳液在各种应用中的共同特性,对于乳化沥青应用于预防性养护的各种具体场合所要求的路用性能本书不再赘述。

蒸发残留物的性能主要取决于制备乳化沥青的原样沥青本身的性能,因此评价蒸发残留物性能的目的主要是检验其性能与原样沥青的差异。通常的检验指标主要有针入度、黏度、软化点、延度及溶解度。

三、乳化沥青选用原则

乳化沥青的成功应用在很大程度上取决于正确地选择乳化沥青的类型和等级。乳化沥青有着广泛的应用范围，不同的应用场合对乳化沥青的路用性能有不同的要求，因此选用乳化沥青的首要依据是它的用途。

乳化沥青的应用领域首先可以分成喷洒型应用和拌和型应用两大类。

(一)喷洒型应用

对于所有喷洒类应用的共同要求是要考虑乳化沥青与原路面结合的界面特性，而对不同喷洒类应用场合，对界面特性要求也是不同的。

在各种喷洒类应用中有些是单纯的乳化沥青洒布，有些则除了洒布乳化沥青外还要撒布集料，后者除考虑与原路面结合的界面特性外还要考虑与集料结合的问题。因此，在各种喷洒类应用中还可分成两类。

▶▶ 1. 沥青—集料应用

沥青—集料应用领域包括表面处治与石屑封层、砂封层、沥青贯入路面、三明治封层等。对此类应用领域在与原路面结合的界面特性和与集料结合的特性上主要的考虑因素是结合的强度。为此应选用黏度较高、沥青含量较高、不易流淌的乳化沥青，以便路表面和集料获得较厚的沥青膜，在对黏结强度有更高要求的场合应选用改性乳化沥青。在破乳、凝固速率上应选用快裂快凝型的，这样可提高封层的早期强度。此外还应考虑与集料的相容性问题，通常宜更多选用阳离子乳化沥青，尤其在采用酸性石料的条件下。

▶▶ 2. 单一沥青应用

单一沥青应用领域包括雾封层与再生剂封层、粘层油、透层油等。对雾封层与再生剂封层和透层油与原路面结合的界面特性主要是渗透性的问题，因而应选用沥青含量较低、黏度低、渗透性好的乳化沥青，必要时可适当加水稀释。为有足够时间让乳化沥青往下渗透，应选用慢裂型的乳化沥青。粘层油由于没有渗透的要求，则应选用快裂或中裂型乳化沥青。

(二)拌和型应用

拌和型应用对乳化沥青的共同要求是乳液水分蒸发后沥青与集料具有的黏

附性和裹覆性。从这一要求出发拌和型的乳化沥青通常都选用黏度较高、沥青含量较高的类型。在对黏附性要求很高的场合应选用改性乳化沥青,在这一共同要求下又可分成三种不同的应用类型。

▶▶ **1.** 厂拌混合料

厂拌混合料由于拌好的混合料需运送到现场,需要更长时间保持乳液的稳定性。另一影响破乳速率的因素是集料级配,对于细集料多的级配由于表面积增大,而更容易破乳,因而对密级配的混合料应选用慢裂型的乳化沥青,对开级配的混合料则视运输的距离可选用慢裂或中裂型的乳化沥青。

▶▶ **2.** 路拌混合料

乳化沥青在路拌应用中主要用于稳定材料的拌和,由于细料较多,吸水性大,通常应选用慢裂型乳化沥青。

▶▶ **3.** 稀浆与微表封层

稀浆封层与微表封层(微表处)的区别主要为采用普通抑或改性的乳化沥青。稀浆封层由于采用普通乳化沥青,所以级配较细、铺层较薄、没有早期开放交通的要求,因而应选用慢裂型的乳化沥青。微表封层由于采用改性乳化沥青,级配较粗、铺层较厚、有早期开放交通的要求,通常要求采用阳离子慢裂快凝型的改性乳化沥青。

在上述按用途选用乳化沥青类型与等级的基础上还需要进一步根据现场应用条件的影响做出适当调整。现场应用条件对选用乳化沥青的影响主要包括以下方面。

(1)气候条件的影响

对干燥的气候条件可选用阳离子也可选用阴离子乳化沥青。对于潮湿寒冷的气候条件宜选用阳离子乳化沥青。在夏季炎热的天气施工应适当降低破乳速率,在温度较低的季节施工应适当提高破乳速率。

(2)集料酸碱性的影响

对于花岗岩等酸性集料应选用阳离子乳化沥青,对石灰岩等碱性集料可选用阴离子也可选用阳离子乳化沥青。

（3）交通载荷和开放交通条件的影响

对于交通量大、重载车辆多的场合宜选用沥青含量高、黏度大的乳化沥青和改性乳化沥青。对于有早期开放交通要求的场合宜选用阳离子快裂型的乳化沥青。

第三节　预防性养护材料的新发展

材料方面的创新和突破一直是带动预防性养护技术发展的重要动力。从历史的发展看,作为养护材料核心的沥青一直在向改性和乳化两个方向发展。

改性沥青的发展大大改善了普通沥青的高温抗车辙、中温抗疲劳、低温抗裂缝的性能。乳化沥青的发展使各种预防性养护可从热态施工的方法转变为冷态施工。

改性沥青和改性乳化沥青的应用导致出现了改性雾封层、改性石屑封层、改性稀浆封层和改性薄层罩面,它们的性能都得到了很大改善。在预防性养护中,最初使用改性沥青和改性乳化沥青时,只是看重于一般性地对沥青性能的改善,但在随后的发展中新养护材料的开发更加注重和针对预防性养护的特点来发展了。

一、改性沥青材料在预防性养护中的新发展

在各种改善沥青性能的方法中,聚合物改性沥青是最为成功的一种。聚合物改性沥青按其加入的高聚物改性剂的性质,可以分成弹性类聚合物改性沥青和塑性类聚合物改性沥青两大类。目前最常使用的弹性类高聚物改性剂有天然橡胶、苯乙烯－丁二烯橡胶（SBR）、苯乙烯－丁二烯－苯乙烯嵌段共聚物（SBS）等,最常用塑性类高聚物改性剂有聚乙烯（PE）、聚丙烯（PP）、乙烯－醋酸（EVA）等。各种高聚物改性剂根据自身的物理性质,可以从不同的方面来改善沥青的路用性能。

目前广泛应用的 SBS、SBR、EVA 等改性沥青的作用机理主要是物理的融溶、弥散与交联作用,改性剂在热沥青中通过高强度的机械剪切研磨,使它们以微米级的形态融胀和均匀地分布在基质沥青中形成物理交联的网络结构,从而将高聚物的特性传递给基质沥青。这种物理混融的机理很大程度上受到高聚物改性剂与基质沥青相容性的影响,在两者相容性好的配伍中,改性剂被沥青中的轻质油分融胀,以很小的微粒纠缠在沥青中而形成一种连续的网状结构。在相容性不好的配伍中,改性剂不能形成微粒而向上浮在沥青中,是不连续的相位结构,从而

大大降低了聚合物的改性效果。对于相容性较差的配伍,为改善其相容性通常只能依靠强化混融处理,在高温、高压、长时间的机械剪切研磨的高强度处理条件下获得所期望的改性效果,因而所消耗的能源也将大大增加。

在考察现代改性沥青材料的发展方向时,可看到为克服传统沥青改性方法的缺点而出现的一些新趋势,它们可归纳为:

第一,改变单一改善沥青某方面性能的思路,采用多种复合的方法全方位地改善沥青的高温抗车辙、中温抗疲劳、低温抗开裂的性能;

第二,改变单纯依靠物理混融机理达到均质改性的思路,采用不同的物理和化学机理或物理与化学机理的复合作用来提高沥青改性的效果;

第三,简化改性沥青的制备方法,减少能源消耗、降低碳排放污染;

第四,采用新的改性材料或直接采用高聚物材料取代沥青作为高性能的结合材料。

以上改性沥青材料的发展趋势同样体现在预防性养护材料的新发展中。

(一)高黏度改性沥青

提高改性沥青的黏度可以增加沥青膜的厚度,从而改善黏结材料的黏附性、密水性、抗老化、抗剥落,抗疲劳的能力,一直是预防性养护黏结材料发展的重要方向。目前技术成熟、应用广泛的主要是高用量的 SBR 改性沥青和高黏度的 SBS 改性沥青,其 SBS 的用量通常可高达 6%~12%。提高 SBS 的用量可迅速提高结合料的稠度,从而改善它的高温性能、增加沥青膜的厚度、提高与集料的裹覆性能和抗疲劳能力。通常高黏度的 SBS 改性沥青的软化点可高达 80℃~90℃,60℃的零剪切动力黏度则可高达 20000~40000 Pa·s。高黏度 SBS 改性沥青是一种非牛顿流体,其黏度与剪切速率有关,其 60℃的黏度之所以能达到如此高的数值是由于 SBS 大分子的多次缠绕造成的,要解开这些缠绕需要很大的剪切力,但随着剪切速率的增加,黏度会迅速下降,因此零剪切黏度很高并不能完全代表它在实际工作中的高温性能。

(二)高黏度橡胶沥青

橡胶沥青是利用废轮胎在常温下碎化而成的橡胶屑制作的改性沥青,按照作用机理和加工工艺,可以分为橡胶改性沥青和沥青—橡胶两大类。前者将精细的橡胶粉作为改性剂与基质沥青,在高温、高压、长时间、强力剪切研磨的高强度处理条件下加工成一种类似于 SBR、SBS 的均质型类改性沥青材料。后者采用低强度的融胀处理工艺,将粗粒径的橡胶屑在高温沥青中通过 1 小时左右的融胀处理,使橡胶颗粒的表面与沥青中的轻质油分融溶而形成一种其核心仍保持着固体颗粒状态而外层为凝胶体的物质。它们悬浮在高温沥青的液相中增大了结合料的流动阻力,导致结合料黏度的大幅度提升,当它们与矿料一起拌和成混合料时,这些包裹着橡胶颗粒的凝胶物质将会增大集料之间的摩擦阻力,而大大增强混合料抵抗外力推移的能力。在两大类橡胶沥青中,沥青—橡胶在预防性养护中应用更为广泛。

沥青—橡胶结合料是一种高品质低成本具有废橡胶再生利用概念的结合料,它能全方位地改善沥青混合料的路用性能,具有良好抗车辙、抗疲劳、抗水损害、抗低温裂缝和反射裂缝的能力。

高黏度的特性:使喷洒在路面上的结合料不会随意流动,因而可大大增加了沥青膜的厚度,这一特点尤其适用于预防性养护中的石屑表面封层、防水黏结层和应力吸收层。

(三)复合改性与复配改性沥青

单一的高聚物改性剂往往主要只能改善某一方面的沥青性能,复合改性沥青是将两种改性剂复合在一起取长补短、互为补充,以达到更全面改善沥青性能的目的。例如将弹性类的聚合物与塑性类的聚合物复合在一起,可以达到既能改善沥青的高温性能,又能改善沥青低温性能的目的。

在预防性养护中目前发展较快的复合改性沥青是 SBS 和废轮胎胶粉的复合改性沥青。在沥青中加入 10％以上的胶粉和 3％左右的 SBS 改性剂,可大幅度提高单一 SBS 改性沥青的黏度,从而增加喷洒在原路面和裹覆在集料上的沥青膜厚度。

复合改性沥青的进一步发展是将多种改性材料按一定的配方与沥青复合在一起,称为复配改性沥青,以期更有针对性地改善沥青的性能。例如,在沥青中加入溶剂型有机硅等活性材料来改善结合料与原沥青路面的黏结性能、抗老化的性能和沥青混合料的抗水损害能力,加入有温拌概念的有机物防粘剂来改善混合料的抗车辙能力和降低其拌和温度、能源消费和温室气体排放。

(四)反应性聚合物改性沥青

为克服物理改性方法的缺点,在聚合物改性沥青近二十年来的发展中一直在寻求改变单纯依靠物理混融机理,而采用化学改性或物理—化学改性的思路,以获得更为理想的改性效果。化学改性的思路就是希望聚合物能与沥青发生一定的化学反应,因而常称为反应性聚合物改性沥青。近二十年来出现有许多化学改性的专利产品,例如美国杜邦公司的 Elvaloy™、德国路可比公司的 Lucobit™、法国 PRI 公司的 Industrie™等聚合物改性剂。反应性聚合物改性沥青的共同点是在共聚物的基础上添加功能性的分子基因,它能与沥青发生化学反应,从而更好地将聚合物与基质沥青结合在一起。美国杜邦公司的 Elvaloy™是一种弹性体三元共聚物(RET),它由乙烯、正规丙烯酸丁酯、甲基丙烯酸缩水甘油组成当聚合物与热沥青拌和在一起时,甲基丙烯酸缩水甘油的分子起着与沥青发生化学反应的作用,大大加强了弹性体共聚物传递给沥青的性能。RET 通常与 PPA(Poly Phosphoric Acid,多聚磷酸)合用有着极好的抗车辙、抗疲劳、抗低温裂缝和抗水损害的性能。

由于与沥青的化学反应作用,反应性共聚物改性沥青的另一个特点是可以不用高强度的机械剪切研磨,采用简单的搅拌或直接投入拌缸的方式即能与沥青形成良好的结合,从而大大简化了改性沥青的生产工艺。

(五)非沥青的黏结材料

在预防性养护中在一些交通和环境载荷特别恶劣场合也常采用某些高性能的黏结剂作为黏结材料。例如环氧树脂石屑封层,常用于重载交通、陡坡、半径很小的弯道、十字交叉路口等条件恶劣部位的养护作业。环氧树脂是一种热固性的树脂类聚合物,它有着极好的高温抗变形和保持黏结力的性能,用于石屑封层可以大大加强石屑的黏附力,但价格较为昂贵,通常只能用于有特殊要求的场合。

其他的热塑性树脂如丁二烯－苯乙烯树脂等也常用于预防性养护的黏结材料,例如彩色石屑封层路面、冷拌树脂混合料超薄磨耗层等。

溶剂型的有机硅黏结剂是近些年来发展很快的一种新型的预防性养护材料。有机硅是一种含有硅原子的高分子聚合物,由于有机硅独特的结构,使它兼备了无机和有机材料的性能,具有表面张力低、黏温系数小、既耐高温又耐低温、抗氧化和抗紫外线老化、亲油憎水、耐腐蚀、绝缘性等一系列优良性能,是当前广泛应用于航空航天、电子电气、建筑、汽车、纺织等行业的新材料。将有机硅聚合物溶于具有高渗透性的环保型溶剂中,可以制成一种油基型的预防性养护黏结材料,它与旧沥青路面有很强黏附性、浸润性和渗透性,具有极佳的耐老化性能和抗水损害和抗低温开裂的能力,是使雾封层有进一步发展前景的新材料。

二、乳化沥青材料在预防性养护中的新发展

高性能乳化沥青的发展与表面活性化学在乳化技术中的应用有密切关系。表面活性化学应用于改善乳化沥青的性能是预防性养护材料新发展的一个重要方向。常规的改性乳化沥青往往只能一般性地改善乳化沥青的性能。为更有针

对性地改善用于预防性养护的乳化沥青,开发了各种各样的表面活性剂。例如为提高沥青与潮湿集料的黏附性开发有多种主动型黏附剂,为加快或减缓破乳的速率,有破乳促进剂或稳定剂,为提高乳液黏度有增黏剂等。这些表面活性剂的灵活应用大大改善了乳化沥青的路用性能,使它能达到或者接近热沥青的水平。

(一)高漂浮度乳化沥青

高漂浮度乳化沥青是一种采用妥尔油作为乳化剂的阴离子乳化沥青。妥尔油是造纸过程中产生的一种副产品,具有表面活性的化学成分,用它制作的乳化沥青在破乳过程中,复原沥青会形成管状胶的凝胶体(果冻状的暗哩(Jelly)结构),大大增大了流动阻力,可以防止沥青随意流动,从而增加裹覆集料或喷洒在路面上的沥青膜厚度。

由此可见,妥尔油乳化剂不仅是一种乳化剂,而且还起到了改善复原沥青性能的作用:高的漂浮度意味着沥青黏度的提高,伴随着高温性能的改善。采用高针入度的软沥青(针入度 100~150)可以改善复原沥青的低温性能;厚的沥青膜意味着更好的密水性和抗剥落的性能。这些性能使高漂浮度乳化沥青成为一种低成本的高性能乳化沥青,被广泛应用于各种类型的石屑封层。

高漂浮度乳化沥青的阴离子特性使它更适合用于石灰岩等碱性集料,当使用于酸性集料时需要更长的初凝时间,因而要延长其养生的过程。

(二)乳化橡胶沥青

乳化橡胶沥青是以废轮胎橡胶作为原料的改性沥青材料,符合资源再利用的绿色概念,是冷态施工沥青材料的新亮点。将含有轮胎橡胶屑的沥青进行乳化,首要的关键技术是要让橡胶颗粒消融和弥散在基质沥青中,这对于相容性很差的橡胶颗粒(即使是粒径很细的橡胶粉)来说,在技术上有着相当大的难度。在最近十余年,橡胶沥青的乳化技术已经有了很大发展,解决乳化橡胶沥青的制备工艺主要有两种方法,即溶剂法和直接乳化法,目前这两种方法都已应用于实际当中。

▶▶ 1. 溶剂法

溶剂法是将精细的橡胶粉首先在石油溶剂中浸泡成一种半融胀状态的分散体系,然后再与阳离子乳化沥青搅拌成橡胶沥青乳液。为使橡胶沥青乳液保持其稳定性,通常需要添加稳定剂,如与 SBR 改性剂复合使用则效果更好。

>> **2.** 直接乳化法

直接乳化法是将橡胶沥青直接作为基质沥青按照乳化沥青的工艺进行乳化，这一方法的关键前提是橡胶沥青必须是一种胶粉完全消融在沥青中的均质材料。为制备均质型的橡胶改性沥青通常有两种方法：一种是借助于某些化学相容剂（表面活性剂或其他化学助剂）在常规的改性沥青设备上进行；另一种是依靠提高处理的强度在高温、高压、强力剪切研磨的条件下经过长时间的熬炼使橡胶屑完全降解和消融于沥青中。

(三)工程设计复配型乳化沥青

预防性养护技术的设计和施工与具体的工程应用条件，诸如原路面的条件、集料的条件、气候与交通负荷的条件以及施工材料的运输条件等有着密切的关系。单一品种的乳化沥青很难满足不同应用条件对黏结材料的要求，因此如何使乳化沥青的性能成为可控的，能根据具体的工程应用条件来调节其性能就成为养护作业用乳化沥青材料发展的一个重要方向。

表面活性剂的迅速发展为实现上述目标提供了可能。灵活应用多种化学活性剂的不同功能就可能根据具体的工程条件复合配制出满足特定工程要求的乳化沥青材料，被称为工程设计的乳化沥青。

工程设计的乳化沥青不仅常用于稀浆封层、超薄结构磨耗层等预防性养护技术，而且被广泛应用于冷、温拌沥青混合料和各种冷再生技术中，它可以大大改善沥青对集料的裹覆性能。

(四)水溶性新材料的发展

许多高性能的聚合物材料都是不溶于水的油基性材料，其中最典型的是环氧树脂材料。环氧树脂以其优良的高温性能、良好的黏附性能、高的拉伸剪切强度以及抗疲劳、抗水、抗油、抗化学腐蚀的特点而成为一种高性能的黏结材料。但是环氧树脂是一种热固性的油基材料，不溶于水而只能溶于有机溶剂中，不仅需要有机溶剂而且配制工艺复杂，价格昂贵，溶剂挥发还会污染环境。因此通常只能用于预防性养护的某些具有高要求的场合。

如何改变环氧树脂的亲油性，使其水性化而制成水溶性、乳化性的新材料，则成为环氧树脂材料进一步发展的重要方向。近些年来没有有机溶剂的水性化涂料发展十分迅速,已有不少成熟的技术在应用,这一趋势正在向其他许多领域,包括路用材料的领域扩展。

环氧树脂水性化的方法大体上可分为以下四种。

▶▶1. 机械法

机械法是事先将环氧树脂研磨成粉末和乳化剂混合,加热至适当温度,在高速剪切搅拌下逐渐加水而形成乳液。由于环氧树脂与水的相溶性差,因而分散相的微粒尺寸较大,乳液的稳定性差,需要用更多的乳化剂。此种方法虽然简单,但乳液质量不高,通常较少采用。

▶▶2. 相反转法

相反转法是指在高剪切研磨的条件下先将表面活性剂与液体环氧树脂混合、分散均匀后,然后缓慢加水,随着水量的增加,整个体系从油包水型转变为水包油型,形成均匀稳定的水可稀释的乳液,乳化过程通常在常温下进行。这种方法简单可靠,是目前制备环氧树脂乳液最常用的方法,可获得微米级的乳化环氧树脂。

▶▶3. 化学改性法

化学改性法具有自乳化的特性,将某些亲水性的功能基团引入到环氧树脂分子链上,或嵌段或接枝,当改性聚合物加水时,疏水性高聚物分子链会聚集成微粒,离子或极性基团就分布在这些微粒的表面,由于同种电荷相互排斥,在满足一定的动力学条件下,就可形成一种稳定的水性环氧树脂体系。化学改性可以获得很小尺寸的分散相微粒,从几十纳米到几百纳米。当微粒尺寸较大时为乳液,当微粒尺寸为纳米级时则成为透明的水溶液。这种方法需将很大部分的树脂进行亲水性的改性,所以成本很高。

▶▶4. 固化剂乳化法

固化剂乳化法采用有亲环氧树脂分子结构的水分散型的固化剂同时作为乳化剂使用,这种固化剂具有交联的作用又具乳化的作用,在使用前将环氧树脂的两组分混合后可制成稳定的乳液。固化剂乳化法是一种有前景的环氧树脂乳化方法,其缺点是适用期短,不能长期贮存。

第三章　公路沥青路面预防性养护决策

第一节　公路沥青路面预养护对策

一、雾封层

雾封层是将乳化沥青、改性乳化沥青或沥青路面养护剂等流体状的材料,经喷洒机械喷洒在沥青路面上,进而达到封闭路面孔隙,稳定松散集料,修复路面老化的预防性养护目的,主要用来密封面层,防止或减少水分的渗入,阻止路况继续恶化,改善老化变硬的沥青性能。

雾封层适合路面表面贫油、细颗粒脱落等病害情况,也适用于路面出现轻微的纵向、横向或块状裂缝,防止雨水与紫外线对沥青路面的损坏。

雾封层这种养护措施对增强结构强度没有作用,但是能降低通过疲劳裂缝而引起的水损坏,这种方法对于选择适当的养护时机非常重要,如果养护时间偏后,病害发展严重,雾封层的使用效果就会大大降低。由于雾封层会使路面摩擦系数降低,因此这种养护技术不适合路面摩擦系数较低的路段。由于雾封层使用的乳化沥青中的乳化剂类型为慢凝型乳化剂,所以需要时间使其凝固,一般需要中断2h的交通来使其进行养护。

含砂雾封层由雾封层技术改造升级而来,在沥青路面预防性养护中应用较为广泛。它是由特种沥青材料、细集料、聚合物改性剂等雾封层材料与砂组成的混合料。施工时采用专用的含砂雾封层高压喷洒车,在沥青路面上喷洒形成薄层,可渗入到集料缝和孔隙中去,从而恢复路表沥青黏附力,填补微小裂缝和空隙,防止路表水下渗,同时喷洒的细集料提供了很好的抗滑能力。含砂雾封层作为一种预防性路面养护技术,在公路、城市道路、停车场及机场道面等各种路面中,能够防止路表沥青膜剥落引起的各种病害,延缓路面老化,降低沥青路面温度、保持路面抗滑性能,达到显著改善路面外观甚至美化路面的作用。

含砂雾封层具有以下特点。

第一,含砂雾封层含有一定掺量的细砂,可提高路面的抗滑性能。沥青砂混合物流动性很好,还可能渗透、填入到路面微裂缝中或空隙中,起到填充和封水的作用。

第二,含砂雾封层含有聚合物改性剂等材料,可以延缓路面胶结料的老化,使路表沥青材料的性能得到一定恢复,能够保持或加强沥青与集料的黏结性能。

第三,含砂雾封层各种材料组成具有合理的配方,形成层很好的保护层,抗磨耗性能很强并保持长久。

第四,含砂雾封层可减少路面受到紫外线的侵袭和影响,对改善和恢复路面色泽作用持久。

第五,含砂雾封层采用环保的沥青技术,在生产和施工过程中不会对环境和人体产生有害的挥发物质。

二、碎石封层

碎石封层是指在路面上直接铺洒沥青,紧跟着铺洒一层集料,然后用轮胎压路机进行碾压。

碎石封层主要用来防水、修补细小的裂缝(主要为与荷载无关的裂缝)、改善抗滑性能,大量使用在低交通量道路和城市道路。按照采用的沥青种类,可分为乳化沥青、稀释沥青和改性沥青等类型。按照应用工程,可分为沥青路面封层、桥面防水封层、与稀浆封层/微表处结合施工形成的开普封层、沥青路面防反射裂缝应力吸收层 SAMI 等类型。按照施工顺序,可分为异步与同步碎石封层。

按照铺装层数与材料,可分为单层、双层、嵌挤式、开普与纤维封层等类型。

(一)单层同步碎石封层

单层同步碎石封层是指在原有路面上仅喷洒一层黏结层及一层碎石层的碎石封层技术,如图 3-1 所示。单层碎石封层要求撒布的碎石接近 100% 覆盖率,并使沥青包裹石料粒径 70%。单层同步碎石封层是最为常用的形式,广泛应用于沥青路面预防性养护、桥面防水封层等工程。

图 3-1　单层同步碎石封层

(二)双层同步碎石封层

双层同步碎石封层是指在原有路面上先后进行两次单层碎石封层的碎石封

层技术,如图 3—2 所示。通常第二次封层采用较小粒径的碎石,以形成嵌挤结构。通常这种形式的封层施工是分阶段完成的,即第一次封层施工后 2～3 周后进行第二次封层。这种方式将使第一层的碎石处于稳定自锁的"马赛克"镶嵌状态,为第二层封层提供一个牢固的基础。双层同步碎石封层适用于交通量大的沥青路面养护,可延长封层使用寿命,尽可能减少日常养护。

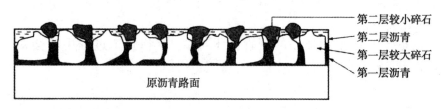

第二层较小碎石
第二层沥青
第一层较大碎石
第一层沥青

原沥青路面

图 3—2 双层同步碎石封层

(三)嵌挤式碎石封层

嵌挤式碎石封层是指在喷洒一层厚的沥青后,在其上铺洒一层大粒径的碎石,这层碎石层要覆盖沥青层为 90% 左右。紧随其后,铺洒一层较小的碎石,用于镶锁大的碎石,形成稳定的马赛克结构,如图 3—3 所示。嵌挤式碎石封层所用的沥青量要多于单层碎石封层所用的沥青量,而又比双层碎石封层所用的沥青量少。嵌挤式碎石封层降低了大碎石剥离的风险,同时由于良好的机械自锁性,早期稳定性好,适用于交通量大且车速快的路段。

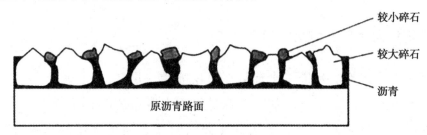

较小碎石

较大碎石

沥青

原沥青路面

图 3—3 嵌挤式碎石封层

(四)开普封层

开普封层是在单层同步碎石封层上再进行一层稀浆封层或微表处,如图 3—4 所示。开普封层兼具碎石封层抗滑耐磨和稀浆封层密水抗剥落等优点,可显著降低石料脱落的可能性并提高稀浆封层的抗剪切强度,但是其造价较高,施工工艺相对复杂。

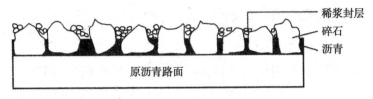

图 3-4　开普封层

(五)纤维碎石封层

纤维封层技术是指纤维封层摊铺设备同时铺洒沥青黏结料和玻璃纤维,然后在上面铺洒碎石经碾压后形成新的磨耗层或者应力吸收中间层的一种新型道路建设施工和养护技术,如图 3-5 所示。纤维碎石封层主要用于道路面层或黏结层的施工,由于破碎纤维细丝形成不规则网状结构与沥青结合同时铺洒在路面上,极大增加了沥青黏结层的强度,有效解决路面裂缝反射的问题,有效吸收应力和分散应力,防止裂缝产生,起到防水、防滑、平整、耐磨等作用。

图 3-5　纤维碎石封层

三、稀浆封层

稀浆封层技术是将级配良好的集料(优质细集料和矿物填料)和乳化沥青组成的混合料均匀地撒布在整个路面上。这项技术最大的优点是可以有效地封闭路面表层裂缝,提高面层的防水性,并且可以提高表面层的抗滑能力。根据混合料最大工程粒径的不同,稀浆封层混合料分为Ⅰ型、Ⅱ型和Ⅲ型,摊铺厚度为5~10 mm。

稀浆封层适用的路面病害类型有:

第一,路面横向裂缝,纵向裂缝,非结构性的块状裂缝;

第二,路面轻微破损(要求摊铺前清理脱落下来的材料);

第三,沥青路面表面的沥青老化、贫油;

第四,路表摩擦系数降低;

第五,路表渗水。

稀浆封层技术对路面结构强度没有贡献,当路面出现较大的疲劳裂缝或者严重车辙时,不能应用此项养护技术进行养护。为了使乳化沥青硬化,常常需要将公路封闭 2h。

施工中应注意路表必须保持干净,石料要求选择有棱角、耐用,并且级配良好的石料,同时拌和前必须清洗干净。应避免在炎热的气候条件下施工,根据乳化剂的类型要保持足够的开放交通的时间。稀浆封层技术在预防性养护的情况下,期望寿命一般为 3～5 年。

四、微表处

微表处是一种特殊的稀浆封层技术,是较传统的稀浆封层技术,微表处混合料的黏结材料选用改性乳化沥青。整个混合料由聚合物改性乳化沥青、级配石料、矿物填料、水和添加剂组成。

五、薄层加铺

薄层加铺可以定义为:采用细粒式、间断级配或开级配沥青混合料,用普通摊铺机与压路机施工,厚度小于 30 mm 并具有良好抗滑功能的沥青罩面层。按照实施的材料不同,可分为普通沥青混凝土薄层罩面(AC 系列)、SMA 罩面、OGFC 罩面等类型。

法国薄层沥青混凝土分为三类:薄层 TAC(30～50 mm)、很薄 VTAC(20～30 mm)、超薄 UTAC(10～20 mm)。南非将铺筑厚度小于 30 mm 的各种级配沥青面层定义为薄层路面,包括传统沥青混合料(连续级配、开级配等)铺筑的小于 30 mm 的沥青面层、SMA 混合料铺筑的小于 25 mm 的沥青面层和沥青砂铺筑的小于 30 mm 的沥青面层。HMA Pavement Mix Type Selection Guide 中要求中等与重交通道路的 SMA－10 混合料铺筑厚度为 25～37.5 mm,OGFC－10 铺筑厚度为 19～25 mm。可见超薄磨耗层的厚度没有统一的规定,一般为 20～30 mm。

为适应薄层铺装,要求采用较小粒径的沥青混合料。对于超薄沥青磨耗层,为防止摊铺时大粒径形成划痕,保证达到压实度要求,通常铺装厚度为沥青混合料最大公称粒径的 2～2.5 倍。对于密级配沥青混合料,可采用最大公称粒径为 6 mm、9.5 mm 或 13 mm。对于开级配和间断级配可采用 9.5 mm 或 13 mm。但是,采用传统级配如 AC 型或沥青砂铺筑的超薄沥青磨耗层,由于这种混合料的抗车辙能力有限,而且抗滑性能不足,仅适用于低交通量的道路养护。目前,国际上多采用间断级配或开级配沥青混合料,常用的混合料类型如 SMA－10、OGFC－10 等。沥青研究中心已开展采用最大公称粒径为 4.75 mm 的 SMA 沥青混合料铺筑超薄沥青磨耗层。另外为增加超薄沥青磨耗层的耐久性,采用聚合物改性沥青也是一个发展趋势。

随着薄层沥青磨耗层的发展,为保证路面的抗滑性能及其良好的耐久性,并提高抗车辙性能,沥青混合料逐步由密级配向开级配与间断级配发展。目前应用较多的有两种类型:一种是骨架密实结构,以 SMA 为代表;另一种为骨架孔隙结构,以 OGFC 为代表。前者具有耐久性好、强度高、密实不透水等优点,适用性较好,是国际上应用较为广泛的级配类型;后者具有排水性好、雨天抗滑性能优良,并具有降噪性能,在国外发达国家应用较多。

SMA 是一种间断级配的沥青混合料,它是一种由沥青、纤维稳定剂、矿粉及少量细集料组成的沥青玛蹄脂,并填充间断级配的粗集料骨架间隙形成的沥青混合料,是最适合于罩面工程的材料,适用于病害种类很多、病害较严重的路段。由表 3-1 可见,对于最大公称粒径为 9.5 mm 的 SMA 混合料,其 2.36 mm 以上集料占 70% 以上,同时矿粉含量超过 10%。SMA 中粗集料含量较高,粗集料之间形成嵌挤结构,因此具有良好的抗车辙能力并具有较高的抗滑性能。同时,SMA 中矿粉和沥青含量较高,形成较为丰富的马蹄脂用来填充粗集料骨架之间的孔隙,因此 SMA 的空隙率较低而称为密实结构。SMA 作为表面层和罩面材料已在各地得到广泛应用,具有表面构造深度大、抗滑性能好、耐磨耗、良好的水稳定性和耐久性等特点。

表 3-1 部分国家 SMA 级配范围(%)

筛孔(mm)	12.5	9.5	4.75	2.36	0.075
美国 AASHTO	100	90~100	26~60	20~28	8~10
德国	100	90~100	30~40	20~27	9~13
中国	100	90~100	28~60	20~32	8~13

其中,OG-FC-10 级配中 4.75 mm 以上粗集料含量高达 80%,是一种典型的开级配混合料。由于细集料含量少、沥青用量低,形成较大空隙率,一般可达到 18%~20%。因此可形成丰富的表面纹理,其构造深度可达到 1.5 mm 以上。而 SMA-10 级配中 4.75 mm 以上粗集料含量在 70% 左右,矿粉含量高达 10%~12%,这样 0.075~4.75 mm 之间的集料仅为 15% 左右,形成一种间断级配。SMA 路面构造深度一般在 1.0 mm 左右。SAC 级配介于 OGFC 与 SMA 之间,构造深度一般为 0.8 mm 左右。而对于传统的连续密级配混合料,其 4.75 mm 以

上粗集料含量不足 30%,尽管混合料的密实性能良好,但是其构造深度不足,一般在 0.2～0.4 mm。

超薄沥青混合料一般选择间断级配,通过增加沥青混合料中的粗集料含量来提高其所铺筑路面的构造深度。目前可以分为 NOVACHIP－A、OGFC－5 与骨架密实类(GT－TECH)三大类技术。

法国 NOVACHIP－A 超薄沥青磨耗层是比较成熟的技术,是一种半开级配混合料,空隙率在 10%～15%。OGFC－5 是一种开级配沥青混合料,空隙率大于 15%,由粗集料相互嵌挤提供的较高结构稳定性,又具有较大的空隙率,以满足排水、抗滑的要求。GT－TECH 是骨架密实结构,空隙率为 3%～4%,具有良好的抗车辙能力、耐久性和抗滑性能。OGFC－5 与 NOVA－CHIP－A 具有较好的排水效果,雨天减少路表径流,提高行车安全性与舒适性,但是大孔隙沥青混合料存在耐久性差、后期维护困难等问题。

采用 4.75 mm 最大公称粒径混合料作为超薄沥青混合料的优点如下:由于粒径进一步减小,可降低摊铺厚度到 1.5～2.0 cm,因而可降低工程造价;通过适当的级配调整和选择黏度较高的沥青,亦可满足抗滑、抗车辙性能的要求,而且由于表面致密粗糙,抗松散能力较强,并具有较好的降低噪声效果。

薄层加铺技术施工效率较高、施工速度快、在短时间内即可开放交通。这种方法适用的路面病害类型有:

第一,横向、纵向和块状裂缝(裂缝深度较浅);

第二,路面较严重的破损(摊铺前必须清理脱落下来的材料);

第三,路面摩擦力降低;

第四,路面贫油、泛油;

第五,路面渗水。

薄层加铺对路面结构能稍微增加承载能力,并能延缓疲劳裂缝。但对于路面出现严重的结构性病害,如严重的疲劳裂缝和严重的车辙,在施工前必须做好预先处理。这种技术在预防性养护的情况下,期望寿命为 5～8 年,目前已经在一些国道和省道得到了较为广泛应用。

六、就地热再生

就地热再生(HIR)也可称为现场热再生,主要用于矫正或处理路表病害而不移除原路面材料。到目前为止,应用较普遍的 HIR 技术有三类,即热翻松、重铺处理和重新拌和处理。

热翻松是早期使用的 HIR 技术。其施工过程主要有对原路面的加热、利用疏松齿对原路面的翻松处理、加入再生剂后拌和、整平及碾压成型。其疏松深度一般在 19～25 mm，最大可达到 50 mm。此过程中不需加入新的集料，但是一般会在其后摊铺一层新的磨耗层。

重铺处理，首先对现有路面进行加热，疏松或铣刨 19～25 mm 后与再生剂拌和，然后将再生材料作为整平层摊铺于路面，再用新的沥青混合料摊铺一层磨耗层。再生利用的旧料及新的磨耗层材料可利用特殊设备一次完成，也可利用加热疏松设备和传统铺路设备分两次完成。

重新拌和处理是将原路面材料加热疏松后与一定量新的沥青混合料（可根据需要加或不加再生剂）在车载拌和器中拌和成新的沥青混合料并摊铺成单一、均质路面层的过程。此过程改变了混合料的级配、调整了胶结料的品质，因此使原路面的性能得到了改善。

HIR 可处治大部分的路面病害，包括车辙、波浪拥包、松散、泛油、表面抗滑性能不足、轻微温度裂缝及轻微疲劳裂缝等，但是路面结构性必须完好。浙江省引进了"时代再生列车"用于沥青路面就地热再生，已经在杭金衢高速公路与部分国省道推广应用，应用效果良好。

加热疏松处治路面的使用寿命一般在 3～5 年，路面重铺的使用寿命一般在 8～10 年，重新混合处治使用寿命一般在 8～12 年。

七、再生剂喷涂类

沥青再生剂是一种能够在一定程度上恢复沥青性能的产品。常用的沥青再生剂主要有 TL2000、RejuvaSeal™、PDC、RD－105 等。沥青再生剂或还原剂能渗入路面，将老化沥青激活，不改变或降低路面的摩擦系数。密封路面的细小裂缝，防止水、汽油和化学剂等杂质渗入路面，使路面呈均匀的黝黑色，改善沥青路面的外观。

（一）TL2000 路面强化剂

TL2000 路面强化剂是一种黑色液体单一成分微沥青聚合物，由白云石粉末、苯乙烯、优质沥青、添加剂组成，可以抵抗硫酸、盐酸、硝酸、醋酸、磷酸以及碱性物质及矿物质溶液的腐蚀。这种强化剂喷洒于沥青混凝土面层的表层上，形成薄膜层，

15～90 min(取决于环境温度)固化,即可开放交通。这种薄膜层不仅可以防止水渗透到沥青面层内,即使在多次结冰解冻后仍有防水作用,而且还可以使沥青面层免受太阳紫外线和红外线的辐射。由于该聚合物蒸汽渗入沥青硅大约 30 mm 深处,会形成使已老化的沥青还原的共聚物,进而可延长路面的使用寿命。除此之外,这种强化剂还具有很好的抗滑性能,并使橡胶轮胎与路面的附着力提高 20％～30％,缩短刹车距离,促进交通安全。TL2000 路面强化剂具有价格低廉,使用简便,无须特殊设备,不要预热,不要稀释,清洁材料易得(如煤油、柴油)等优点。

TL2000 路面强化剂主要是通过其中的活性气体成分与沥青作用形成共聚沥青聚合物来达到与路面的黏合这种聚合物具有必要的塑性和弹性性能,可有效地防止沥青老化或改善已老化沥青的使用性能。因此,旧路面的已破损程度及沥青老化程度都极大地影响了 TL2000 的使用效果。一般来说,TL2000 路面强化剂适宜处理那些性能既遭受破坏,但又可以复原的沥青路面,应用 TL2000 的时机最好是在沥青路面建成后,尚未出现大面积水损害、明显的裂缝之前。

(二)沥再生 RejuvaSeal™

沥再生 RejuvaSeal™ 具有轻微挥发性气味,为黑色油状液体,是一种用于沥青路面的三合一维护剂,其主要成分为 35％～50％ 的煤焦油、32％～42％ 的石油蒸储液和 15％～40％ 的三合一煤焦油再生剂(人造树脂石油乳剂、经提炼的煤焦油和主要由煤焦、煤焦油、石油溶剂合成的渗透剂)。

沥再生 RejuvaSeal™ 是一种极其高效的具有渗透性的沥青再生密封剂,其特点主要有以下几点。

第一,具有抵抗汽油、防水、防化学品侵蚀和抵抗其他损害性杂质影响的特性。

第二,具有不改变沥青表面结构就能起到密封和再生作用的特性。

第三,能渗透到沥青表层,变成沥青层整体的一部分,与之共同收缩和膨胀,不像普通表面密封剂那样易于剥落、开裂和脱层,因而具有较强的温度适应性,十分耐久。它不仅是一种高效密封剂,而且是一种充满活性、能渗透沥青表层,并将沥青激活的结合剂,可使沥青路面表层约 15 mm 厚的沥青的硬化程度和脆性显著降低,从而可增强路面的柔韧性和弹性。

再生剂涂刷类宜在温暖干燥的气候使用,道路要求路面结构强度足够,路面稳定,可适用的路面损坏包括以下几方面。

第一,细小裂缝;

第二,细微的松散、老化、氧化、变硬;

第三,路面渗水。

再生剂涂刷类不宜在下列情况使用:

第一,结构性损坏;

第二,中等程度的泛油;

第三,中等到严重程度的抗滑损失;

第四,严重程度的温度裂缝、松散。

沥青再生还原技术有以下优点。

第一,还原剂渗透能力强,为沥青还原而定制,且还原剂因保护层保护持久发挥效力,将表层老化最严重的部分沥青再生还原,恢复表层沥青黏附性能和柔韧性,延长使用寿命。

第二,还原剂渗入、吸收后,在交通的作用下,表层混合料二次压密,非结构性裂纹自愈合,与保护层材料一道,形成深层和多层次的表面封闭。

第三,保护剂与还原剂的共同作用强化保护层与老路面胶结料的结合,保护剂和黑色还原剂的残留量小,其本身对路面构造和摩擦系数的影响小且可控,形成安全、耐久的黑色路面。

第二节　公路沥青路面预养护对策选择

实施沥青路面预防性养护是指在恰当的时间对合适的路面运用恰当的预防性养护措施。针对不同的路面,综合考虑技术、经济和工程等因素,选择最合适的预防性养护措施,是路面预防性养护的关键技术之一。沥青路面预防性养护措施比较多,针对不同的路况及环境选择与之相适应的预防性养护措施,才能取得良好的效果。预防性养护对策选择应遵循以下原则。

第一,技术上是满足要求的。即预防性养护措施在技术上是适用的,能满足路面状况、交通量、公路等级等技术要求,且能充分发挥其应用的预防性养护性能。

第二,经济上是比较节约的。即在满足技术要求的前提下,应选择费用效益良好的措施,使得所采用的措施具有较好的经济性。

第三,性能上是符合工程特点的。即所采用的预防性养护措施能反映具体公路管理单位对路面养护质量和效果的要求,以及满足公路用户对预防性养护路面适用性能的特点要求。

预防性养护措施选择步骤:首先,建立沥青路面预防性养护措施对策库,确定不同的养护措施的适用范围,根据路面状况和病害类型与程度确定技术上可行的措施;其次,对技术上满足要求的措施,进行费用效益分析,选择几种费用效益较好的技术措施;最后,根据道路的施工因素、用户因素和环境因素,确定最优的技术措施。

一、预防性养护措施对策库建立

(一)决策树

决策树的养护决策方法即是根据一组技术指标逐层地选择特殊的处治措施。每一个"分支"代表了一组特殊的状况,如路面类型、损坏类型与程度、交通量、功能分类等,这些状况参数决定了应对路面采用什么样的特殊养护措施。图 3—6 即为预防性养护决策树,图 3—6(a)决策技术指标包括平整度和平均日交通量(ADT);图 3—6(b)决策技术指标为车辙和 ADT;图 3—6(c)决策技术指标为开裂和 ADT;图 3—6(d)决策技术指标为结构状况和 ADT。

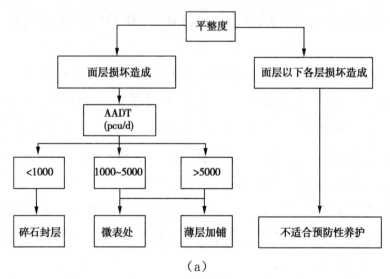

（a）

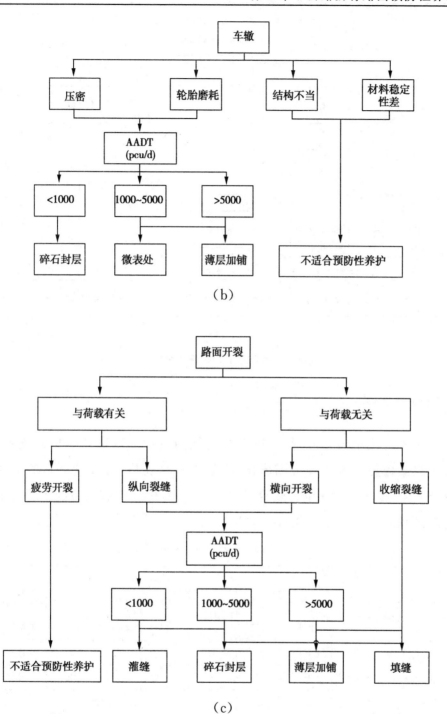

（b）

（c）

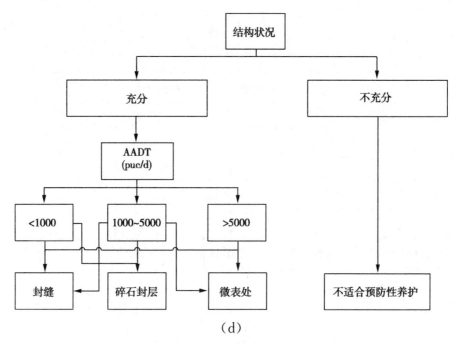

（d）

图 3-6　预防性养护措施决策树示例

（二）决策矩阵

决策矩阵与决策树相似,都取决于一组规则或指标以选择养护或改善措施。差别在于决策树更系统化和可图形化;决策矩阵是表格,可存储更多的信息。表3-2为 SHRP SPS-3 和 SPS 试验路的研究成果,由一组有经验的工程技术人员对最适宜的预防性养护措施组合而成。

图 3-2　预防性养护决策矩阵示例

路面状况		参数或损坏程度	处理方法							
			薄层加铺	稀浆封层	填缝	清缝填封	细粒式表面处治	粗粒式表面处治	改性沥青微表处	封缝
交通	AADT（pcu/d）/车道	＜1000	E	E	E	E	E	E	E	E
		1000～4000	E	E	E	E-Q	E-Q	E	E	E-Q
		＞4000	E	E	E	E-N-Q	E-N-Q	E	E	E-Q
	车辙（mm）	＜9.5	E	E	E	E	E	E	E	E
		9.5～25.4	E	M-N	E	M-N-Q	M-N-Q	E	E	T
		＞25.4	E	T	E	T	T	M-C	E	T

路面状况		参数或损坏程度	处理方法							
			薄层加铺	稀浆封层	填缝	清缝填封	细粒式表面处治	粗粒式表面处治	改性沥青微表处	封缝
裂缝	疲劳裂缝	轻微	E	E	E	E	E,	E	E	M
		中等	E	M	M	M	E	E	M	T
		严重	M	T	T	T	E	E	T	T
	纵向裂缝	轻微	E	E	E	E	E	E	E	M
		中等	E	M	E	E	E	E	M	T
		严重	M	T	M	E	M	M	T	T
	横向裂缝	轻微	E	E	E	E	E	E	E	M
		中等	E	M	E	E	E	E	M	T
		严重	M	T	M	E	M	M	T	T
沥青混凝土面层状况	表面外观	干燥	E	E	T	T	E	E	E	E
		潮湿	E	E	T	T	M—Q	E—Q	E	T
		泛油	E	E	T	T	N—Q	N—Q	E	T
		可变的	E	E	T	T	M—Q	E—Q	M	MF
	剥落	轻微	E	E	T	T	E	E	E	E
		中等	E	E	T	T	E	E	E	M
		严重	E	M	T	T	E—Q	E—Q	E	M
沥青混凝土面层状况	坑槽	轻微	E	E	T	T	E	E	E	T
		中等	E	M	M	T	E	M	M	T
		严重	M	M	M	T	M	M	M	T
现有路面纹理深度足够			E	E	T	T	M—Q	M—Q	E	T
行驶质量差			E	E	T	T	T	T	M	T
抗滑阻力低			E	E	T	T	E	E	E	T

(三)决策树和决策矩阵的优缺点

优点:可以很好地利用已有经验;所采用的方法适用于区域条件;比较适用于项目级决策。

缺点:不宜于在不同地区间推广应用;不宜于开发和适用新的处治措施;较难以考虑和适应各种因素;使用于多种损坏类型的决策矩阵难以制定;一般不宜于

对不同的措施进行评价;不宜用于网级评价。

二、预防性养护措施费用效益分析

根据预防性养护的定义,采取的预防性养护措施应该是具有费用效益的,然而预防性养护决策库确定于预防性养护措施过程中并没有包括费用效益的对比。为了确保所采用的预防性养护措施具有良好的费用效益,需要对初选的预防性养护措施进行费用效益对比。

费用效益分析法(又称费用效果分析法),即为实现某一特定的目的时,可供选择的经济技术方案很多,这些方案在实现目的的效果上和消耗的费用上各不相同,通过效用分析可以从这些方案中找出效益费用比最高或效果费用比最高的方案。

常用的费用效益分析方法有寿命周期费用分析、费用效益率分析、等效年度费用和长寿命费用指数等,具体参数及输出如表3－3所示。

表 3－3 常用的费用效益分析方法

方法	参数	输出
寿命周期费用分析	利率、通货膨胀、分析期措施的单位成本、措施的期望适用寿命	计算每个养护措施的当量年度费用(EUAC),最小者为最佳措施
费用效益率分析	路面的使用性能曲线	路面使用性能曲线辖的面积等同效益
等效年度费用	设备、人工、材料的费用、措施的单位成本、寿命	每个期望寿命内的单位成本
长寿命费用指数	单位成本的现值、交通荷载、措施的使用寿命	建立措施费用现值和交通量之间的关系

等效年度费用法由于方法简单,便于理解和运算,故常用来评价预防性养护措施的费用效益,其计算方法见式:

$$等效年度费用(EAC)=\frac{单位成本}{期望寿命}$$

因此,使用费用效益分析法确定预防性养护措施的关键问题为:①根据特定路况条件和养护措施的技术特点确定初步合适的预防性养护措施;②根据可获得的原材料费用、施工机械费用及人工费确定预防性养护措施的单位成本;③观察并确定常用预防性养护措施的使用寿命;④确定各种预防性养护措施的等效年度费用,最小的等效年度费用具有最佳的经济性,可在实际工程中优先考虑。

沥青路面的预防性养护措施的费用和效果可考察预防性养护措施的技术经济特征,见表3-4。费用与预防性养护措施的单位费用即单价相对应,效果与预防性养护措施的使用寿命相对应。

参照表3-4数据,对预防性养护对策库中初选的措施进行费用效益分析,一般而言,EAC越低,预防性养护措施费用效益越好。因此,应优先选择EAC较小的预防性养护措施。但并不是具有最小的EAC措施就是最合适的预防性养护措施,还有其他一些影响因素。因此,在费用效益分析的基础上,选择EAC较小的几种措施,进行综合评判。

表3-4 常用预防性养护措施等效年度费用(EAC)

序号	预防性养护措施	平均寿命(年)	平均费用(元/m²)	EAC
1	雾封层	1.5	7.5	5.00
2	碎石封层	3	16.5	5.50
3	薄层加铺	4	57.5	14.38
4	稀浆封层	3	17.5	5.83
5	微表处	4	21.5	5.38
6	沥再生	3	23.5	7.83
7	就地热再生	4	42.5	10.63

三、综合评判

在进行费用效益分析后,可能出现几种不同的预防性养护措施的费用效益都比较好并且在实际工程中都可以接受,此时就需要对这几种预防性养护措施进一步综合评判,综合考虑工程因素对这几种预防性养护措施的影响再进行选择。要综合考虑当地或附近可获得的材料、施工质量、耐久性、气候、交通影响、行驶舒适性、抗滑性、环保和美观等工程因素,分别对具有较佳费用效益的预防性养护措施做进一步的分析,以确保最终选择出的预养护措施具有工程可实施性。

(一)综合评判影响因素

在预防性养护措施选择工程中,决策者需要综合考虑施工因素、用户因素和环境因素对具体预防性养护工程的要求。其中施工因素包括当地可获得的材料、施工质量、气候和耐久性等;用户因素包括施工对交通的影响、行驶的舒适性、抗滑性等;环境因素包括环保和美观等。

综合考虑地区的实际情况,确定了沥青路面预防性养护措施综合评判的影响因素,见图3—7。

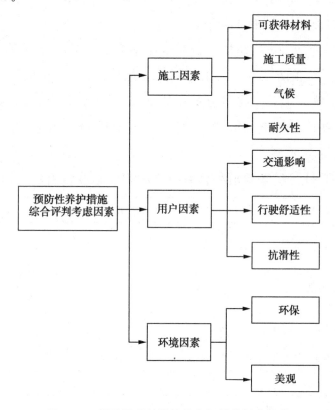

图 3—7 预防性养护措施综合评判的影响因素

(二)预防性养护措施的最终确定

预防性养护措施最终确定采用综合评判法,即考虑图3—7中的9种影响因素,根据预防性养护措施的自身特点,制订出每种措施中每个影响因素的属性值;然后针对具体的工程条件确定出每种因素的权重系数,以综合评判系数 k 最大为标准,选择出最合适的预防性养护措施,计算公式:

$$k = \sum_{j=1}^{n} C_{ij} W_{ij}$$

式中:k ——综合评判系数;

C_{ij} ——第 i 种待选预防性养护措施第 j 种影响因素的特征属性值;

W_{ij} ——第 i 种待选预防性养护措施第 j 种影响因素的权重系数;

n——影响因素的数目。

(三)影响因素权重系数的确定

权重系数可以用百分制的形式表示,每个影响因素的权重系数,其值与道路等级或交通量有关。借鉴国外的研究经验,结合实际情况,给出了不同等级和交通量公路的影响因素权重系数的推荐范围和代表值,见表 3-5。

表 3-5　沥青路面预防性养护的影响因素权重系数(W_{ij})

序号	影响因素	高等级道路 AADT>5000pcu/d 的权重系数		普通道路 AADT≤5000pcu/d 的权重系数	
		推荐范围	代表值	推荐范围	代表值
1	可获得材料	5~15	10	10~20	15
2	施工质量	15~25	20	15~25	20
3	气候	0~10	5	0~10	5
4	耐久性	10~20	15	5~15	10
5	交通影响	10~20	15	5~15	10
6	行驶舒适性	10~20	15	10~20	15
7	抗滑性	5~15	10	5~15	10
8	环保	0~10	5	5~15	10
9	美观	0~10	5	0~10	5
合计	—	—	100	—	100

四、预防性养护对策选择流程

预防性养护对策选择按照以下步骤进行。

第一,对当前道路路面状况进行评价,根据预防性养护标准,判断当前路面是否适合预防性养护。

第二,在路面适合预防性养护的前提下,根据道路的主导病害类型及严重程度、公路等级和交通量,依照沥青路面预防性养护对策库,选择技术上满足要求的所有预防性养护措施。

第三,考虑经济因素,对所有适用的预防性养护措施进行费用效益分析,进一步筛选出费用效益良好的预防性养护措施。

第四,考虑施工因素、用户因素和环境因素,对预防性养护措施进行综合评判,最终确定最合适的预防性养护措施。

第三节　公路沥青路面最佳预养护时间

　　预养护的效果很大程度上取决于预养护措施实施时的路面状况,因而预养护措施只能在路面寿命周期内的某一段时间应用才能发挥其优良的性能。如果在正确的时间应用,预养护措施将是达到预养护目标——保持路面优良服务性能和延长路面使用寿命的一种具有良好费用效益的方法。预养护措施应用得过早,会造成有限养护资金的浪费;应用得过晚,则费用效益可能很差或者几乎没有。因此,很有必要研究预养护措施实施的最佳时间,提出一种确定最佳预养护时间的方法和理论,以指导沥青路面预养护实践,充分发挥预养护措施的性能,并最终以最小的养护费用获得最大的效益。

一、沥青路面最佳预养护时间的确定方法

　　最佳预养护时间确定方法采用费用效益分析法,即是对预养护措施进行费用效益分析,费用效益达到最大的时间为最佳预养护时间。

　　沥青路面最佳预防性养护时间的确定思路如下。

　　第一,根据路面预养护判断指标,路面性能的衰变曲线及其预养护标准确定预养护的时间范围,并选择一系列预养护时间方案。

　　第二,根据预养护对策所选择的最合适的预养护措施,选择相应的预养护效益分析指标。

　　第三,通过对效益分析指标的衰变曲线(或方程)进行分析,求出各时间方案的预养护效益面积,对于多指标的情况进一步考虑预养护效益面积的标准化。

　　第四,计算各预养护时间方案的当量年度费用和效益费用比。

　　最终选择效益费用比最大的时间方案所对应的时间作为最佳预养护时间。具体流程见图3—8。

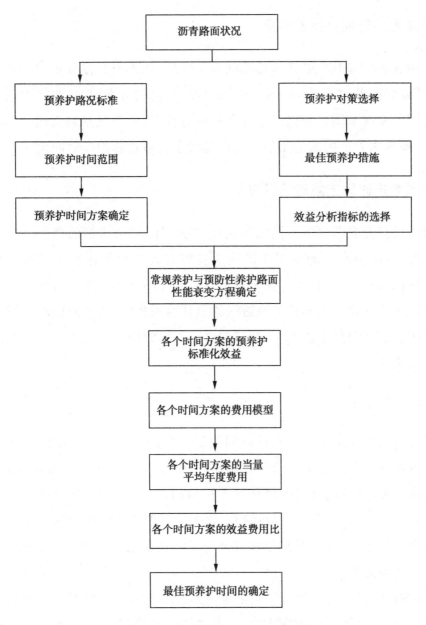

图 3-8 最佳预养护时间确定流程图

二、预养护时间方案的选择

在适合预养护的时间范围内选择多种时间方案,然后对各预养护时间方案分别进行费用效益分析,最终选择效益费用比最大的方案所对应的时间作为最佳预养护时间。

（一）预养护时间范围的确定

由于预养护措施只在合适的路面状况下使用，才能充分发挥预养护措施的性能，实现其良好的养护效果。因而，在选择预养护时间方案时，首先需要明确预养护措施适用的路况范围。由路况衰变曲线或方程可知，路况是路面使用时间的函数，因此可根据预养护措施适用的路况范围确定合适预养护的时间范围。

（二）预养护时间方案的选择方法

不同的时间方案即代表不同的原路面状况下使用预养护的措施。在不同的原路面状况下，使用同一种预养护措施所获得的效益和所花费的费用一般不相同，因此通过费用效益分析即可确定费用效益最佳的时间方案。最佳时间方案所对应的原路面状况即为预养护措施适用的最佳路面状况，所对应的时间即为最佳预养护时间。根据选择依据不同，预养护时间方案的选择方法可分为时间间隔法和用户自定义法两种。

>> 1.时间间隔法

时间间隔法是在路面的预养护时间范围 $[X_A, X_B]$ 内，按一定的时间间隔来选择预养护时间方案。理论上，时间间隔的大小可根据需要选择，时间间隔越小，分析结果越准确，越接近真实的最佳预养护时间。但实际上，由于路况预测模型预测的结果和未来的实际情况存在偏差，加之预养护措施的性能随设计和施工质量等因素也具有不确定性，因此分析结果与实际情况必然有偏差，因而没有必要把时间间隔选得太小。

时间间隔可由用户自行选择，假设所选择的时间间隔为根据预养护的时间范围 $[X_A, X_B]$ 即可得到 n 个时间方案，n 由式（3-1）确定。各时间方案的最大区别在于预养护措施实施的时间点不同，记第 j 个时间方案所对应的实施时间点为 X_{sj} ，由式（3-2）确定。

$$n = \left[\frac{X_B - X_A}{\Delta t}\right] + 1 \tag{3-1}$$

式中，[*]表示对[]内数据 * 取整。

$$X_j = X_A + (j-1)\Delta t \tag{3-2}$$

>> 2. 用户自定义法

用户自定义法是指用户根据实际情况,在适合预养护的时间范围内选择几个可能的时间(可不等间距)作为预养护时间方案,然后再分别对各预养护时间方案进行费用效益分析。比如,某沥青路面适合预养护的时间范围是[2.3,7.9],当地养护部门每一年中安排一次预养护,根据实际条件可选择预养护的比选时间方案为 2.5 年、3.5 年、4.5 年、5.5 年和 6.5 年。

针对所选择的系列时间比选方案,对每个预养护时间都进行效益和费用的计算分析,以确定最佳的预养护时间。

第四章　裂缝填封类预防性养护技术

第一节　裂缝填封

一、裂缝的分类与产生机理

(一)横向裂缝

▶▶ 1. 横向裂缝定义

横向裂缝指沿路面横断面方向出现的规则裂缝,表现为与路面行车方向垂直分布的单根裂缝,裂缝方向与路面中心线大体垂直。横向裂缝严重时通常贯穿整个路面宽度,有时伴有多个横向的或斜向的支缝;横向裂缝轻微时多为局部细线状裂缝。

▶▶ 2. 横向裂缝产生机理分析

沥青路面大多会出现横向裂缝,病害的产生原因是多种多样的。经取样试验发现,温度、荷载等因素在病害形成原因中占了主导地位。这一点,在其他有关裂缝的资料中也得到了肯定。但我们知道,沥青混合料抗拉能力主要来源于沥青及沥青胶浆提供的黏结力,因此如果沥青路面出现了很多的横向裂缝,那么是不是首先应该考虑沥青胶浆的性能是否已经发生了很严重的退化。研究发现,沥青的品质是主要影响因素,但集料方面对路面横向裂缝形成所做的"贡献"也不容忽视。

(1)温度所致横向裂缝

由于沥青面层是受约束的,所以在低温或者温度骤降的情况下,沥青面层中产生的收缩拉应力或拉应变一旦超过沥青混合料的抗拉强度或极限拉应变,沥青面层就会开裂,从而产生横向裂缝。或者在温度应力的反复作用下,沥青面层产生疲劳开裂形成横向裂缝。在横向裂缝成因中,温度影响最为显著。

温度裂缝的产生主要是由于沥青路面在气候反复变化下产生的累积温度应力超过沥青路面的抗拉强度而引起。开裂首先在沥青混合料抗拉强度的薄弱面或某点开始,面层的表面开裂后,就会在裂缝尖端产生应力集中,使其继续向下发展并贯穿整个沥青面层。一般来说,温度裂缝有两种,一种是一次性降温造成的温度收缩裂缝即低温开裂,是指在气温骤降时,沥青混合料的应力松弛不能适应温度应力的增长,温度应力超过沥青混合料的极限抗拉强度。或者说,在通常温度条件下,沥青混合料的劲度较低,气温下降后,材料的应变能力急剧降低,导致材料的劲度模量急剧增大,超过了产生开裂的极限劲度,便产生开裂。这种情况在沥青面层与基层的黏结力不够好,可容许有一定自由收缩时,更容易发生。另一种是温度疲劳裂缝:温度升降反复作用的温度应力疲劳使沥青混合料的极限拉应变或劲度模量变小,又加上沥青老化使沥青劲度增高,应力松弛性能下降,故可能在比一次性降温开裂温度高的温度下开裂,同时裂缝随着路面使用年限的增加而不断增加。应指出的是,沥青面层的温缩裂缝经常是在温度应力的反复作用下裂缝逐渐发展与扩张而形成的温度疲劳裂缝。

环境温度变化,将在有约束的沥青结构层内产生温度应力,而沥青材料为黏弹性材料,具有应力松弛的特征,故有一部分应力被积累。温度应力不仅是时间 t,也是温度 T 的函数,材料的抗拉强度是应力作用时间 t 和路面温度 T 的函数,当温度应力达到抗拉强度时,路面将开裂。由此,有两种开裂模式:按温度进程划分角度,在大幅度降温和持续低温下,温度应力松弛性能难以发挥,温度应力随温度下降越来越大,当超过材料的抗拉强度时,会出现裂缝,这个时候的临界温度为温裂温度。按时间进程划分角度,路面在相近的应力水平下长时间反复作用,材料的抗拉强度不断下降,与此同时,温度应力也不断下降,当其下降速度小于抗拉强度下降速度时,裂缝就出现了,此时的临界时间为温裂时间。

当在温带地区的春末秋初季节,中午温度高,而下午、晚上温度骤降,地表温度变化较大,过快的降温速率将使路面内的应力来不及松弛,出现过大的应力积累。与此同时,由于温度降低,沥青混合料的应力松弛模量逐渐增大,应力松弛性能降低,也导致应力聚积过大,待温度应力积累到超过沥青混合料的极限抗拉强度时,路面就将出现裂缝,以便使应力释放出去。路面结构各层的温度应力不同,裂缝从路表面开始,逐渐向下延伸,由于温度梯度(据资料分析,一次大幅降温可产生 $300 \times 10^{-6} \sim 500 \times 10^{-6}$ 的拉应变)、基层的黏结约束作用,致使裂缝形式上宽下窄,路面全宽分布,形成"自上而下裂缝"。

裂缝扩展速度随变温循环次数变化情况如图4-1所示。图中表示了三种不同的变温幅度,即:-5℃、-10℃和-15℃,初始裂缝长度分别为4 cm和9 cm时的变化曲线。这些曲线可用三次函数很好地拟合。根据拟合函数即可计算出路面疲劳变温损伤寿命。

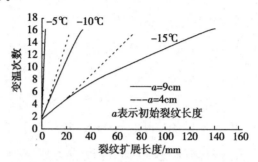

图4-1　变温循环次数与裂缝开展长度的关系

表4-1表示了两种不同深度的表面裂缝在不同变温幅度下扩展至穿透面层所经历的变温循环次数。

表4-1　含有表面裂缝路面疲劳变温损伤寿命

单位:d

初始裂缝深度	-5℃	-100℃	-15℃
4cm	12 598	446	20
9cm	4 343	28	14

可以看到,低温对路面裂缝扩展速度有显著影响,当变温幅度为-15℃时两种裂缝扩展迅速,而当为-5℃时裂缝几乎不向前扩展。

(2)材料所致横向裂缝

对样品做DSR、BBR试验,将沥青试样夹在两块φ5 mm或必φ8m的平行板之间;一块板固定,一块板围绕着板中心轴来回摆动,DSR试验过程中,转动频率为10 rad/s,试验得出正弦变化的剪应力、剪应变和相位角。

沥青试样的剪应力τ、剪应变r、复数模量G^*及相位角δ按下式计算:

$$\tau = \frac{2T}{\pi r^3}; r = \frac{\theta \cdot r}{n} \tag{4-1}$$

$$G^* = \frac{\tau_{max} - \tau_{min}}{r_{max} - r_{min}}; \delta = 2\pi f \cdot \Delta t \tag{4-2}$$

式中,T——最大扭矩;

　　　r——摆动板半径(12.5 mm或4 mm);

　　　h——试样高度(1 mm或2 mm);

τ_{max}、τ_{tmin}、r_{max}、r_{min} ——试样承受的最大或最小剪应力、剪应变；

Δt ——滞后时间。

动态剪切流变试验有应力控制和应变控制两种控制模式,应力控制的 DSR 施加固定的扭矩,使板产生摆动;应变控制的 DSR 是以固定频率使摆动板产生固定的摆动,量测所需的扭矩。

在 SHRP 计划成果 Superpave 沥青结合料性能规范中,以最高路面设计温度下沥青结合料 DSR 试验指标 $G^*/\sin\delta$ 作为沥青结合料的高温评价指标。

以中等路面设计温度下沥青结合料的 DSR 试验指标 $G*\sin 8$ 为沥青结合料疲劳耐久性指标。

64℃时试验结果见表 4-2。为了说明回收沥青与基质沥青之间的差异,对相同温度条件下的基质沥青的试验结果进行了对比。

表 4-2　沥青动剪切试验结果

沥青种类	回收沥青 1/kPa		回收沥青 2/kPa		欢喜岭 AH-90/kPa	
试验项目	G^*	$G^*/\sin\delta$	G^*	$G^*/\sin\delta$	G^*	$G^*/\sin\delta$
试验结果	18.2	18.4	14.5	15.3	2.1	2.1

从表 4-2 可以看出,回收沥青的复合模量与抗车辙因子都远远大于基质沥青,这说明沥青路面在经过几年的使用之后,沥青的确发生了一定的老化,但是这种老化所带来的是沥青在高温下品质大幅度提升。

弯曲梁流变(BBR)方法是 SHRP 计划中提出的评价沥青结合料低温抗裂性能的试验方法。本试验是在弯曲梁流变仪上进行。将规定尺寸的沥青小梁试件放在弯曲梁流变仪的保温槽中的加载支承架上进行蠕变加载,所加荷载用一个小气压泵施加,在蠕变试验过程中,不断调节气压泵气压大小,使小梁上所加荷载为常值。计算机数据采集系统自动采集荷载、变形,并自动计算蠕变劲度 S、蠕变速率 m。

SHRP 采用 BBR 试验的两个指标,弯曲蠕变劲度模量和蠕变曲线的斜率 m(劲度模量对荷载作用时间的曲线斜率)来测评沥青结合料的低温抗裂性能。

为了检验回收沥青的低温性能,根据公路自然区划的低温情况,在一12℃对回收沥青的流变特性进行了试验,结果见表 4-3。回收沥青 BBR 试验的荷载与挠度曲线图如图 4-2 所示。

表 4－3 BBR 试验结果

沥青种类	回收沥青 1		回收沥青 2	
试验项目	S/MPa	m	S/MPa	m
试验结果	188	0.365	177	0.353

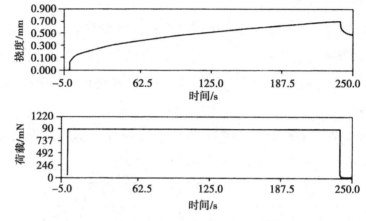

图 4－2 回收沥青 BBR 试验的荷载与挠度曲线图

根据 SHRP 的沥青性能规范，S＜300 MPa 和 m＞0.3 对应的温度为该种沥青所对应的 PG 低温分级。由于－12℃的试验温度模拟实际－22℃条件，而在阳济线穿过的地域范围冬季极端最低气温也不会低于－20℃，所以从 S 与 m 值来看，回收沥青的低温性能仍然是很理想的。那么影响沥青路面横缝发生的应该是沥青材料以外的原因。为此我们对回收的沥青混合料进行了分析，并进行了一系列的模拟试验。

铣刨出的沥青混凝土从外观来看，沥青与碎石黏附性极差，在较粗粒径的碎石表面仍然依稀可见大量粉尘附着的痕迹。路面芯样在 60℃水浴箱中保存 30 min 后几乎松散。因此，有理由怀疑粗集料表面附着的大量粉尘或者回收粉的使用对沥青混合料的低温抗裂性能造成很大影响。利用 MARINI 和 ASTEC 沥青混凝土拌和楼对 10～20 mm 碎石除尘前与除尘后的表面粉尘含量进行过对比试验，结果见表 4－4。

表 4－4 除尘前后集料附着的粉尘对比

拌和机类型	V0.075 mm 颗粒含量		粉尘与集料的附着情况	
	原材料	1 号热料仓	原材料	1 号热料仓
MARINI	0.9%	0.7%	附着紧密	附着紧密
ASTEC		0.5%		附着紧密

表 4—4 中的 1 号仓就是 10～20 mm 碎石中较粗的部分经过干燥除尘后进入的仓位。表中的数据表明经过除尘后集料表面附着的粉尘仍有大部分残留下来，而且与集料黏结紧密。试验表明这些粉尘的亲水系数一般大于 1。

为了验证残留粉尘对沥青与石料黏附性的影响，又进行了清洗后烘干的石料与沥青黏附性和经过干燥除尘后的石料与沥青黏附性的对比试验，见表 4—5。

表 4—5　两种方法处置后的石料与沥青黏附性对比

集料的岩性	清洗烘干后石料与沥青黏附性	干燥除尘后石料与沥青黏附性
玄武岩	＞4 级	2～3 级

综合表 4—4，表 4—5 的数据不难看出，进场的粗集料表面粉尘附着量虽然满足现行规范的要求，即质量比小于 1％，但是由于在拌和过程中除尘毕竟不如用水冲洗那么干净，因此在进入拌和仓的粗集料表面仍然会附着一定数量的粉尘，这些粉尘将导致粗集料与沥青的黏附性降低，从而大大降低了沥青混合料的抗拉能力，增加沥青混凝土路面发生水损坏的可能。

沥青面层的抗拉强度由于老化的影响会逐年降低，据有关统计，使用初期裂缝较少，2～3 年达到高峰，以后增幅较小。

（3）薄弱环节所致横向裂缝

由于地基或填土路堤横向不均匀沉降、纵向填挖结合部处理方法不当、沥青混合料摊铺时横向接缝处理不当，也会产生横裂，并伴有错台现象出现。此类裂缝多发生在台背或涵洞、通道等结构物附近，高填方与低填方交界处或施工时各个标段的分界处也有可能发生。

（4）荷载所致的横向裂缝

新建路基由于碾压等因素，会出现路基不均匀沉陷。路肩、边坡处排水措施处理不好，外界水会进入，使得路基的承载力不均匀，路基边部更易出现不均匀沉降。由此，造成车辆荷载主要由面层承担，车轮下方面层底部受到的拉应力急骤增加。在车辆荷载的反复作用下，拉应力一旦超过材料的容许拉应力，则会在空洞处开裂。与此同时，车轮下方的材料还受到急骤增加的剪应力的作用，剪应力一旦超过材料的容许剪应力，材料将会产生剪切破坏。故由于路基沉陷而造成的面层材料在荷载的作用下承受急骤增加的剪应力和拉应力的联合作用，加速了在路基沉陷处路面出现裂缝。

(二)纵向裂缝

>> **1.** 纵向裂缝定义

裂缝沿着道路纵向投影的长度远远大于沿横断面方向投影的长度,这种裂缝通常称之为纵向裂缝。纵向裂缝通常出现在行车道,有时也会出现在超车道或停车带上,而且通常以单条或多条平行的裂缝形式出现,有时伴有少量的支缝。纵向裂缝表现为沿路面行车方向分布的单根裂缝,裂缝方向与路面中心线大体平行,一般成熟的纵向裂缝都较长,达到 20～50 m。

>> **2.** 纵向裂缝产生机理分析

在路表水渗入路堤下地基范围较小的情况下,可能仅在中央分隔带两侧行车道上或者接近硬路肩的一侧产生纵向裂缝;在路表水渗入路堤下地基范围较大的情况下,可能在中央分隔带两侧行车道上和超车道上产生两条纵向裂缝,少数路段甚至有多条纵向裂缝。特别是当路基边部压实不足,路堤边部会产生沉降,导致在距路边 30 cm 左右处产生纵向裂缝,亦称为边缘裂缝或啃边。在沥青混合料的摊铺时,由于纵向接缝处理不当,造成路面早期渗水或压实度未达到要求,在行车作用下亦会在纵向接缝处形成纵向裂缝。由于地基和填土在横向不可避免的不均匀性,特别是在有路表水渗入地基的情况下,路面产生细而小的纵向裂缝是不可避免的,但是路面产生纵向裂缝过多过早,裂缝宽度过大和长度过长,将严重影响路面使用性能和使用寿命。

纵向裂缝产生的原因有多种:在新建公路中由于碾压上的原因,出现填土未压实或两侧密实度不均,使路基产生不均匀的沉陷而形成裂缝。对于改建公路,因与老路相接处没有处理或者处理不符合技术规范要求,造成路基不均匀的沉陷或者滑坡而形成裂缝。特别是填挖结合部分或填高沿横向变化较大处更容易出现,其纵向裂缝常是断续的。路肩加固处理或处理不当,路基边缘受水侵蚀,导致路基湿软、承载力不足,进而引起路面边缘的纵向裂缝,形成边缘裂缝或称啃边。填土含水量偏大,在冻胀作用下形成裂缝。沥青混合料摊铺时,原来接缝处理不当,造成路面早期渗水或压实度未达到要求,在行车荷载作用下形成纵向裂缝,出现的纵向裂缝相当长并且比较顺直。沥青含蜡量偏高,延度偏于下限,油层抗拉强度、抗剪能力较低,加之受当地运输特点的影响,出现公路相邻两车道空载、重载失调(例如,矿区道路),长期在行车荷载作用下在两个车道之间形成一条纵向裂缝。另外,轮胎破坏后轮毂在路面上行走造成的轮毂压裂在许多路上也不鲜见。

对于另一种荷载型纵向裂缝,国内研究报道较少,但最近美国和欧洲已有越来越多的研究结果证实了,许多与荷载有关的疲劳裂缝发生在路面的表面且向下扩展贯穿沥青混凝土面层。这是一种比传统的疲劳裂缝更为严重的情况,尽管有些表面裂缝对路面结构的承载力没有影响,但它们对磨耗层的耐久性和功能寿命有强烈的影响,而且它们还造成水和其他外来杂物渗入到路面结构中,这就是沥青路面向下扩展裂缝(Top-Down Cracking,TDC)。可定义为起始裂缝发生在沥青路面表面沿轮迹带方向并且向沥青面层内扩展传播。这种裂缝可能扩展穿透表面层、部分中面层和部分下面层,或穿透三层沥青层,这取决于路面的路龄。

向下扩展裂缝发生在沥青路面行车道两侧轮迹带边缘,由沥青面层表面开始并向下延伸,表现为纵向裂缝。向下扩展裂缝的观点现在受到了世界上的重视。TDC 也称为表面裂缝,纵向表面裂缝、表面起始纵向轮迹裂缝,国内称之为"车辙裂缝"。TDC 的初期是由出现在轮迹带单一短小的纵向裂纹组成,随着时间的推移,TDC 进入第二阶段,此时纵向短裂纹生长变长并在最初裂纹的 0.3～1.0 m 的范围内形成裂纹簇;最后,TDC 进入第三阶段,平行纵向裂纹簇通过短的横向裂缝相互连接形成龟裂。沥青面层轮迹带上车辆轮载的反复作用,使行车道的车辙形成 W 形或 U 形。在轮迹带两侧由于拉应力或拉应变的反复作用而产生纵向疲劳开裂。这种裂缝在沥青路面车辙严重的路段很容易观察到,尤其对渠化交通的汽车专用高速公路上更为明显。

关于 TDC 形成的机理可以大致归纳为以下几点。

第一,由于轮胎(宽基轮胎或径向轮胎和高的充气应力)产生高的拉应力,车辆超载也属此种情况。

第二,由于高的表面温度引起上层刚度的降低,形成高温车辙,在轮迹带边缘产生纵向裂缝。

第三,沥青胶结物的老化、硬化导致沥青面层中高的低温应力(观察到的横向裂纹最可能的一个原因)和荷载应力。

第四,沥青混合料施工时造成集料及温度的离析、压实不均匀。

第五,纵向施工缝是一个薄弱环节,处理不当时,压实度不足,其抗剪能力差,空隙率大,通透性强。路表水易侵入,使沥青与集料剥落,进一步导致剪切开裂。

(三)龟裂

▶▶ **1.** 龟裂定义描述

龟裂也称网裂,是裂缝与裂缝连接成龟甲纹状小网格式的、成块的、不规则破碎性的网状裂缝,由于其形状类似于乌龟背壳,故俗称龟裂。也有研究称其为鳄鱼裂缝,龟裂短边长度不大于 40 cm,在路面纵向有平行密集的裂缝,虽未成网,但其距离不大于 30 cm 者,亦属龟裂。

▶▶ **2.** 龟裂产生机理分析

龟裂是由于路面受交通荷载反复作用,长期处于应力应变交迭变化状态,致使其结构强度逐渐下降、变形和挠度过度加大,表现为路表弯沉较大,当沥青路面的柔性不够及在重载车辆的反复碾压下,路面内产生的应力就会超过结构抗力,路面材料发生疲劳破坏而形成的一种裂缝,亦称为疲劳裂缝。这种裂缝开始可能只是微观裂纹,后来相互连通形成宏观裂缝。龟裂的产生,反映出路面的强度不足以承受行车荷载的作用,路面一旦出现严重的大范围的龟裂,就表明路面结构已经进入设计极限状态。

(1)从力学角度分析

在动荷载的作用下,路面结构各点处于不同的受力状态,见图 4—3。车轮作用于 b 点正上方时该点处于全拉应力状态,车辆驶过后,应力方向转变,量值减小,并伴随剪应力出现,当驶过一定的距离后,b 点承受主压力;a 点相反。每一辆车驶过,a、b 两点均出现一次应力循环。沥青混合料的组成中粗细集料、矿粉占了大多数,具有明显的颗粒特征,可以界定为颗粒非匀质材料,其抗压强度一般大于抗拉强度,故可通过抗拉强度大小来判断是否破坏。图 4—3 中的 b 点在车轮的作用下受的拉应力较 a 点在车轮到前、过后产生的拉应力要大得多。所以,在荷载的重复作用下,疲劳破坏通常先由底部开始发生,裂缝逐渐向上扩展到表面。但从连续路段沥青路面的芯样情况来看,有的是面层表面先开裂,然后向下传递。这种现象可以这样来解释:由于高温季节的温度较高且持续时间长,因此面层混合料表面的沥青会很快氧化,这就使面层顶部材料比底部材料易于变脆而形成裂纹。

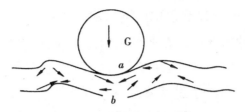

图 4-3　沥青面层受力状态

疲劳开裂另一表现形式为半刚性基层材料的疲劳。南非经过对水泥稳定处置材料的疲劳寿命的分析发现，其在使用过程中性状经历以下三个阶段。

第一，疲劳开裂前阶段。由于温度与湿度的作用，基层在使用初期会出现收缩裂缝，使结构层开裂成板块状（板块长度大于板厚的 5 倍），当荷载作用于板块边缘时裂缝两侧产生的应力与位移量大于板中。

第二，疲劳开裂阶段。在荷载反复作用下，逐渐扩展成大块状，其模量值低于板块状的室内试验结果，所以，裂缝出现时，应对疲劳寿命进行修正。

第三，疲劳开裂后阶段。荷载继续反复作用，进一步破碎成小块，尺寸小于层厚，有效模量接近于粒料，使沥青面层出现较大的变形与疲劳开裂。

同济大学姚祖康教授也通过计算证明了半刚性基层早于沥青面层先达到设计标准出现疲劳开裂。交通部重庆公路科研所的疲劳试验证明，半刚性基层材料在开始阶段有较高的承载能力，荷载的反复作用，模量与强度衰减到一定程度后，发生脆性变形，并且荷载的敏感性较强。道路研究人员按照法国软件 AlizeV，采用我国的荷载参数，按实际使用过程确定了不同的计算条件，验算了弯沉指标。指出基层与底基层、两次施工的基层之间实际处于连续和滑动之间，而现有设计是按连续计算的。同时指出，如果缺乏连续，将在界面上出现应力集中，极大地降低层间强度，疲劳过早出现，龟裂随之产生。

另外，沥青面层材料具有应力运动强化的特性，经过若干次加载卸载后，在一个方向上抗压强度增加，总是以相反方向的抗拉强度来补偿。如此，则在荷载的多次作用下，抗压强度增加，但抗拉强度减小。因此，在荷载重复作用下，很快到达容许拉应力，出现破坏。

（2）设计、施工角度分析

由于设计或施工的原因，导致以下几种情况：①面层孔隙率大、压实度不足、混合料离析，使得雨水能渗入面层，并积聚在面层之间或面层与基层之间，在行车荷载反复作用下导致水破坏；②由于面层之间或面层与基层之间存在"软弱夹层"（这种情况在所调查的阳济线及 G312 线沥青路面中比较多见），在行车荷载的反复作用下导致的疲劳破坏。经过调查分析，由于基层强度不足或基层底面存在的

"软弱夹层",致使在行车荷载反复作用下基层产生疲劳破坏,并最终以龟裂的形式反映到面层上。这种破坏方式在所调查的公路沥青路面中非常多见,这些地方的路面也几乎都发生了龟裂破坏,并伴有明显的垂直变形。或者在道路使用末期路面的疲劳次数已经达到或超过其疲劳寿命而出现的一种龟裂。这种龟裂通常位于行车道轮迹下,面积较大,常常呈条片状分布,且垂直变形明显。由于是疲劳破坏,因此周围没有唧浆的痕迹;③基层根本未做好,材料拌和不均匀,通过取芯发现,并不全是二灰碎石芯样,有的取芯不成功,为素土;④由于采用强度较高的水稳基层,有的在铺设沥青面层前就有裂缝出现了,这样在裂缝顶面因应力集中而引起开裂。

一般来说,龟裂在发展的初期通常随机、孤立地分布在行车道上,面积较小。由于其基层完好无损,因此垂直变形不明显,裂缝较少,且互不连通。在发展的后期,裂缝密集且相互连通,属于碎裂性的裂缝,局部的碎块已经开始脱落龟裂,可能是全面性的,也可能是局部性的,且大多数发生在行车道上。在龟裂的形成初期,由于裂缝轻微,对沥青路面的服务水平影响不大,但由于路面有龟裂而使得路表面的水渗入,造成底面层及路面基层强度的减弱,并出现唧浆破损,这样便会加速龟裂面积的扩大以及裂缝的扩展,导致形成坑槽破损。

总之,龟裂的形成主要是路面整体强度不足,沥青路面老化,在行车荷载的作用下形成的。龟裂是相互交错的疲劳裂缝,形成一系列多边形小块组成的网状开裂,它的初始形态是沿轮迹带出现单条或多条平行的纵向裂缝,后在纵向裂缝间出现横向和斜向连接缝,形成网状裂缝。龟裂是沥青混凝土中沥青老化、松弛性能降低、车辆超载、行车荷载反复作用的结果。龟裂的产生,反映了路面结构的强度不足以承受行车荷载的作用,是沥青路面的一种主要结构损坏类型。另外,交错排水不良,低温时沥青混合料变硬或变脆,也能造成龟裂。龟裂在一些高速公路上比较普遍,而且面积较大。龟裂裂缝常由单根裂缝发展而引起,除了由于路面的整体强度不足而产生外,车辆超载,沥青面层摊铺时集料的离析,路基或路面局部压实不均匀,沥青在施工期间以及在长时期使用过程中的老化都是导致沥青路面形成龟裂的原因。

(四)块状裂缝

▶▶ 1. 块状裂缝定义

当沥青面层宽度较大时,在横向开裂的同时,也会产生纵向开裂和斜向开裂,从而成为不规则块状裂缝。不规则裂缝形状呈不规则的大块多边形，块度尺寸一般比较大（500 mm 以上），面积在 0.1～10m² 范围内。

块状开裂主要由于热拌沥青混凝土的收缩和每日循环变化的周期应力和周期应变所致，尽管荷载能增加裂缝的严重程度，但荷载与块状裂缝没有直接的关系。块状裂缝大部分通常出现在路面区域，但有时也出现在非行车部位。块状裂缝在形状和尺寸上都有别于龟裂。二者的产生原因与部位也不同，龟裂通常由重复荷载引起，龟裂只出现在行车区域。

▶▶ 2. 块状裂缝产生机理分析

不规则裂缝产生的原因通常有：①铺设沥青路面的沥青混合料采用了大量的低针入度沥青和亲水性集料，会使混合料硬、脆、弹性差，亲水性集料遇水易造成剥落；②沥青发生老化失去其弹性，而在交通荷载作用下导致脆裂；③由于在低温和温度的反复作用下使沥青混凝土产生缩裂。当面层宽度较大时，脆裂、缩裂不但导致横向开裂，而且也会产生纵向开裂，纵横交错形成块状裂缝。

因此，不规则裂缝的形成机理可以由沥青混凝土老化、低温作用、基层和面层集料离析或压实不均匀以及路面结构强度不足等因素来加以识别。沥青在热态储存、热态运输、储油罐预热、配油罐内调配等过程，由于加热而使轻质油分挥发。沥青混合料在间歇式拌和机中拌和的时间过长、拌和温度过高或在贮料仓中贮存时间过长，都会使沥青氧化变硬，沥青混合料的极限拉伸应变变小，应力松弛性能降低，使沥青对拉应变特别敏感，一旦温缩或荷载作用产生的拉应变超过了沥青混凝土的抗拉极限，就会产生不规则裂缝。

一般认为，当沥青路面的沥青针入度减小到 35～50 时，沥青的黏性降低，丧失了原有的弹性与韧性，在车辆的反复作用下，路面材料长期处于应力循环变化状态，极易产生脆裂破坏。此裂缝出现位置比较随机，在横向、纵向、其他方向都可能出现，裂缝长度不大，纵横交织，呈不规则多边形。

低温和温度的循环作用下形成的不规则裂缝其集料与低温作用下的温度裂缝机理相似。此类裂缝多出现在大面积沥青混凝土处，例如，机场跑道、停车场等。就施工因素而言，在基层或沥青混凝土面层施工时，未按规范要求用摊铺机进行施工，不可避免地会造成基层或面层混合料离析，而且厚度、材料、压实度不均匀，表面不平整。这样在大量行车及超载车辆作用下也会产生不规则裂缝。由以上分析可见，影响沥青路面不规则裂缝的因素也是多种多样的，可能是纵向和横向裂缝的综合体现。

（五）推移裂缝

》》 1. 推移裂缝定义

当沥青路面层间、面层与基层间黏结不好，在行车荷载的作用下，易推移形成"马蹄型"裂缝。该裂缝不算多见，但对于路面结构破坏力较大，严重影响车辆行驶的舒适性。在交叉路口处较为常见。

》》 2. 推移裂缝产生机理分析

推移裂缝的形成主要是由于层间结合不好所致。其产生原因有：①沥青路面层间无黏结层或黏结层使用的沥青不足或过多，会造成层间材料黏结性较差；②沥青面层与基层之间无透层、透层油过少或过多、透层油渗透基层的深度较浅，都将影响到结构层间的黏结性；③由于层间施工间隔较长，层间被灰尘、油污、橡胶、水等其他非黏结性材料所污染，严重影响到结构层间的结合。通过在推移裂缝处的取芯发现，有的芯样基层与沥青面层间有灰土，甚至还夹有素土。当沥青路面在车辆加速、刹车、转弯的作用下由于结构层间不连续，受力只有薄薄的沥青结构层承担，当超过沥青路面的结构抗力时，路表将被撕裂，严重时卷皮，形成滑移裂缝。

车辆在紧急制动时，驱动轮与路面接触部分受到路面施加的最大制动力，同时路面也将承受其反作用力。突然加速时，则情况相反。当车辆急转弯而车轮向外产生侧滑时，车轮将受到侧向力，路面受到反作用力。在以上三种受力情况下，路面材料受到巨大的拉应力作用，只是车轮下的局部表面材料承拉，故在车轮下表面材料变形最大，车轮两侧的表面材料变形逐渐减小，这样形成马蹄形裂缝。

"马蹄"的顶端指向表面材料承受的水平力方向。也就是说，根据所受力的情况，"马蹄"的顶端分别指向纵、横两个方向。如果沥青路面施工时，压实不足或沥青用量不足，由于空气、水等因素的渗入使得沥青材料老化松散，黏结力下降，均会加剧滑移裂缝的产生。

（六）坑槽

》》 1. 坑槽定义

坑槽是沥青路面局部破损中常出现的一种破坏形式，其定义为由于面层集料局部脱落或基层和面层的集料局部脱落而出现的路面洞穴。沥青路面坑槽所引起行车颠簸、振动而产生的冲击荷载是正常荷载的 1.5～2 倍。若对坑槽不进行修补和加强，在冲击荷载的作用下，坑槽破损会加快而连成一片，致使局部路段大面积损坏，严重影响路面的使用寿命和车辆行驶的安全性。

▶▶ 2.坑槽病害产生机理分析

坑槽的损坏主要有以下三种形式。

第一，坑槽出现在沥青路面的表面层。由于局部表面层混合料空隙率较大、沥青与石料间的黏附力不强，路表水（雨水或雪水）进入并滞留在表面层沥青混合料中，在大量高速车辆的作用下，一次又一次产生的动水压力（孔隙水应力）使表面层的沥青从石料表面剥落下来，沥青路面便会出现局部松散破损，散落的石料被车轮甩出，路面自上而下逐渐会形成坑槽。这类坑槽通常深度为 2～4 cm，是各类坑槽中最早产生的一类，也是产生数量最多的一类。由于沥青混合料的不均匀性，坑槽总是首先在局部沥青混合料孔隙率较大处产生，因此它常是随机分布的一个个孤立的坑槽。

第二，坑槽出现在沥青路面的表面层和中面层。当沥青路面表面层和中面层都是空隙率较大的半开级配沥青混合料，而底面层为空隙率较小的密级配沥青混合料时，路表的自由水较易渗入并滞留在表面层和中面层内；当表面层是半开级配、中面层为密级配沥青混合料时，降水时间较长或路表有积水，使自由水渗入表面层后有较长时间从中面层的薄弱处渗入中面层，并滞留在表面层和中面层内。大量高速行车使此两面层内的沥青混合料中的部分石料上的沥青剥落，使沥青混合料失去黏结强度，导致路表面产生网裂、变形（局部沉陷）和向外侧推挤，并最终出现崩解（粒料分离），大量大块破碎料被行车带离，形成坑槽。此类坑槽完全形成后深度一般为 9～10 cm。此类坑槽产生的数量不多，但对行车安全危害严重。

第三，坑槽出现在沥青路面的下面层与基层。水透过沥青面层滞留在底面层和基层之间，在大量高速行车的作用下，自由水产生的巨大压力冲刷基层表面细料，形成灰白色浆，随即透过各种不同的裂缝到达表面。车辆过后，灰浆又回流到下面层与基层之间。如此一上一下反复作用，即产生的吸排水作用，反复冲刷裂缝，使裂缝两侧产生新裂缝，并出现以裂缝为中心的局部下陷变形，当含有灰浆数量较多时，直接产生坑槽；当含有灰浆数量较少时，先期形成网裂，逐渐路面崩裂碎解，形成坑槽。此类坑槽深度较大，通常大于 10 cm，绝大部分出现在交通量和荷载较大的道路上。

沥青路面形成坑槽的原因较多，根据成因不同，可将其分为内因和外因。而水损害是引起坑槽破损最根本的内因。在沥青路面材料中，沥青是作为结合料或胶结剂将各种粗细集料黏结在一起，成为一个整体。在没有水的情况下，沥青与集料的黏结一般不会有任何问题，但水的存在将降低沥青与集料之间的黏附性，甚至使沥青丧失黏结力。由于连续降雨或路表有积水，会使沥青路面材料长时间被水浸泡；或水通过路表面的裂缝或表面材料孔隙率较大的地方渗入路面结构层内，若水不能被及时、有效地排出，则路面结构层材料将会长时间处于水的包围之中，水分就会很容易浸润到沥青和集料的界面上，置换沥青与集料的黏结，使沥青从黏附的集料表面剥离，导致集料之间失去黏结力，造成沥青面层材料呈松散状态（即粒料分离状态），在车辆荷载的反复作用下形成沥青路面坑槽破坏。

当沥青路面上有水时，车辆的通过会形成一种水力冲刷现象。在轮胎前面的水受轮胎挤压入路表面的空隙中，造成水压力；轮胎通过后，在轮胎后方与路面之间形成暂时的真空而产生真空吸力，又将空隙中的水吸出，这样挤入和吸出的反复循环，便形成了水力冲刷，并逐渐将沥青膜从集料表面脱离。对空隙率较大的沥青表面层，孔隙中充满了水，甚至是封闭时，在车辆荷载作用下会在孔隙中产生压力和负压，这种孔隙压力也会导致沥青膜的剥离。在水和交通荷载的共同作用下，沥青表面层材料受到不间断的水力冲刷（对连通孔隙）或孔隙压力（对封闭孔隙），最终导致沥青膜从集料表面剥落，并发生收缩和移动，沥青与集料成为互不相干的分离物。由于沥青与集料间黏附性丧失，导致沥青混合料的内部黏结力下降，造成沥青路表面出现麻面、松散、掉粒等现象，而散落的路面材料不断被行驶车轮带离破损处，则会在沥青路表面逐渐形成一个坑槽。此类坑槽通常是从上向下扩展，一般其初期都较浅，破碎面积较小。由于沥青路面材料的不均匀性，坑槽破损首先出现在局部面层材料压实度不足、孔隙率大、油石比偏小、沥青老化等地方。

当沥青表面层和中面层是由孔隙率较大的半开级配沥青混合料（包括级配不良所造成的孔隙率较大），或沥青路面局部有微小裂缝，或局部压实不足时，路表水会渗入并滞留在沥青路面结构层内，沥青路面结构层内的自由水既可能滞留在表面层和中面层内，也可能滞留在面层间或底面层和基层之间。沥青路面结构层内若排水不畅，则面层材料中的空隙就充满自由水，使路面处于饱水状态。在行车荷载的作用下，自由水变成有压水，即形成孔隙水压。若面层结构中有上下贯通的裂缝或孔隙,车辆接近裂缝或孔隙时,路面结构层内的自由水即被压出,车辆驶过后立即恢复原状,水又流入路面结构层中。如此一上一下,反复冲刷裂缝或孔隙,即形成水力冲刷。若上下贯通的裂缝或孔隙一直通到基层,则会使基层混合料的表层材料随自由水一同被挤出,产生唧泥现象。在车辆荷载的反复作用下,沥青路面面层内材料同样受到不间断的水力冲刷或孔隙压力作用,使沥青膜从集料表面脱落,沥青与集料间黏附性丧失。同时,沥青结合料长期在水的浸泡中,会使其自身的黏结性变差。这样便会造成沥青路面面层内材料的黏聚力丧失,使其呈现一种松散状态。

通过对 4 cm+5 cm+6 cm 沥青面层进行计算发现,在车辆荷载的作用下,中面层附近承受的剪应力最大。故中面层附近材料在受到水损害时最容易产生剪切破坏,使路面产生龟裂、变形,并最终出现崩解,大量大块破碎的面层材料被行驶的车轮带离,形成坑槽。此类坑槽形成初期就较深,且破损面较大;轴载对于中、下面层材料的剪应力影响较大,且轴载越大.剪应力的峰值深度越深。

交通荷载不仅是促使坑槽形成的一个重要原因,同时还是使坑槽破损进一步扩展的重要原因。当车辆行驶通过坑槽时,路面会受到附加力的作用,坑槽越深产生的附加力越大。说明坑槽一旦出现,会受到较大的冲击荷载作用,使坑槽扩展速度加快。

二、沥青路面裂缝的危害

沥青路面裂缝是常见病害之一,如果沥青路面裂缝得不到及时修补,将对路面的使用寿命和行车舒适性带来影响。裂缝对沥青路面的危害主要表现在以下几个方面。

第一,缩短路面的使用寿命。在裂缝形成的初期(1~2年内),裂缝对路面的使用性能无明显影响,但随着裂缝的逐渐增大,雨水或雪水的逐渐侵入,导致裂缝两侧的路面结构或土基的含水量增加,甚至达到饱和状态,其结果是导致结构层的承载能力明显下降,在大量行车荷载作用下,产生冲刷唧浆现象,加速沥青路面的破坏。

第二,纵向裂缝的发生容易形成沿行车方向呈台阶状,裂缝的凹陷或灌缝沥青凸出,影响行车的舒适性和安全性。

第三,桥头跳车处的路面横向裂缝,在路面积水的作用下加速了跳车现象的发展,同时对路基造成危害。

第四,块状的路面纵横裂缝如不能及时修补,将很快发展成为网裂、松散甚至坑槽,导致各种路面病害的发生,影响路面的使用功能。

路面出现裂缝应及时治理,否则灌进雨雪水冻融后,对道路的破坏将非常严重,进水后道路病害破坏的发展一般可分为以下三个阶段。

第一阶段,初期表现为裂缝部位鼓胀,沿裂缝逐渐形成微量冻融松散灰土粉化,材料密度降低,将面层材料拱起,出现驴脊背现象。

第二阶段,沿裂缝灌入雨雪水存于水泥碎石与沥青路面的结合层之间,由于行车碾压推挤摩擦作用,会将水泥和微粒材料同雨雪水一同唧出(即在连阴雨天气下,水泥碎石层以上灌入的雨雪水使路面出现严重推挤,将沥青粒料和水泥碎石粒料磨成浆状物唧出),形成通常所说的唧浆病害,经过 2～3 年的裂缝开闭,缝口沥青混凝土在冻融和行车的作用下密度降低。

第三阶段,形成病害后,由于一年四季在雨雪水作用下长期发生唧浆,路面出现坑凹,甚至出现搓板路,随时间推移,将导致龟裂病害的发生,严重时路面粒料被行车推挤带走,产生路表面开裂性坑槽病害,如得不到及时治理,不但对车辆形成潜在危害,也将大大缩短道路的服务寿命,设计服务 15 年的高速公路,可能使用几年就需要大修,给国家造成极大的经济损失。

裂缝不仅影响沥青路面的美观,而且会削弱路面的整体平整度,特别是路面开裂后水分通过裂缝渗到路面基层、底基层甚至土基,削弱基层、土基的强度,从而加剧路面的破坏,缩短路面的使用寿命。因此,沥青混凝土路面出现裂缝要及时治理。

三、裂缝填封的目的和效果

对沥青路面裂缝进行填封修补,其目的和效果可归纳为以下四个方面。

(一)恢复沥青路面行车的平顺性和舒适性

由于沥青路面上出现的纵向的、横向的、斜向的以及网状的等各种形状的裂缝,将严重影响车辆行驶的平稳性。特别是当裂缝较大且裂缝两侧出现错台时,会引起车辆的剧烈颠簸,不仅加剧车辆的损坏,而且同时也增加了车辆对路面的冲击荷载作用。因此一旦沥青路面上出现了裂缝,就应该对其及时进行填封修补,以恢复其应有的表面功能,即行车的平稳性和安全舒适性。

(二)恢复沥青路面的局部强度和承载能力

当沥青路面产生裂缝破损时,裂缝两侧的路面材料将丧失它们的传力功能,即丧失传递水平力和竖向力作用的能力。传力功能的丧失将造成路面局部强度和承载能力的下降。通过对裂缝进行填封修补,可增强裂缝两侧路面材料间的黏附性,恢复裂缝处路面材料间的传力功能,从而恢复沥青路面的局部强度和承载能力。

(三)弥补裂缝处原有沥青路面的强度不足

沥青路面产生的开裂破损,常常是出现在其局部强度较薄弱(如压实不足、孔隙率较大、油石比偏小等)或交通量较大的地方。通过对裂缝处松散、破损材料清除后进行填封修补,可弥补原有沥青路面材料的强度不足。特别是考虑到延长沥青路面的使用寿命以及满足日益增长的交通流量和交通荷载要求时,裂缝填封修补不仅仅能够使路面恢复原有的强度,而且更应具有一定的补强作用,以确保裂缝填封处不易再次开裂。

(四)避免沥青路面受到更为严重的破坏

路表水很容易通过沥青路面上的裂缝渗入路面结构层中,造成路面面层材料出现松散、剥落,路面基层材料出现软化、承载力下降等现象,最终可能会导致沥青路面产生裂缝扩张、局部沉陷或者坑槽破损。当沥青路面产生裂缝时,许多不可压缩材料会进入裂缝缝隙中。在温暖季节或者环境温度较高时,裂缝具有弥合的趋势,但由于受到不可压缩材料的侵入从而阻止了裂缝的弥合,因此裂缝只可能呈现不断扩张的趋势,并受到额外应力的作用,造成裂缝破损加剧。所以,通过对裂缝进行填封修补,可防止路表水渗入路面结构层中,可防止不可压缩材料侵入裂缝缝隙,避免沥青路面遭受更为严重的破坏。

四、裂缝填封时机分析

(一)裂缝的位移

沥青路面一旦产生裂缝,其缝隙在寒冷期会进一步扩张,而在温暖期会不断合拢,这种裂缝边缘的差异移动称为裂缝位移,通常存在以下三种裂缝位移。

▶▶ **1.水平裂缝位移**

在环境温度和交通荷载双重作用下,特别在环境温度影响下,裂缝受沥青路面材料热胀冷缩(温度应力)作用,裂缝两侧产生水平相对位移。

▶▶ 2. 垂直向上的竖向位移

由于路面基层或土基处于潮湿或过潮湿状态,在寒冷季节会产生冻胀。在冻胀作用下会使沥青路面裂缝处材料产生垂直向上的竖向位移。

▶▶ 3. 垂直向下的竖向位移

由于水通过裂缝渗入路面基层或路基未完全压实,使其承载能力下降,造成路基出现沉陷。在交通荷载作用下,裂缝产生垂直向下的竖向位移(即凹陷)。

如果极少或没有水渗入路面基层,则裂缝位移大多数将是由环境温度变化引起的水平裂缝位移。裂缝的位移一般与环境温度的变化相一致,而且裂缝的位移也是整个路面结构温度状况变化的结果。裂缝水平位移量是温度变化的函数,同时也受沥青路面材料类型、老化程度、周围环境及相邻裂缝间距的影响。如北半球全年不同时期沥青路面裂缝位移量的变化,大多数裂缝发生位移可持续 6~8个月,裂缝张开的最大值约在 2 月底或 3 月初,而在 3 月底至 4 月初,裂缝约有50% 的宽度。若保持裂缝内无砂石、碎屑等不可压缩材料时,在一年的循环周期后,裂缝将合拢到约比开始时存在的缝隙大 0.062 5 in(约折合 1.6 mm)的残余裂缝宽度。

(二)不同裂缝填封时机的比较

沥青路面裂缝填封效果除与填封材料性能有很大关系外,还很大程度上取决于填封时机的选择。不同的填封时机,裂缝填封修补的效果各不相同。

▶▶ 1. 春季

在初春冰冻融化期间(即 3 月左右),沥青路面的裂缝宽度接近最大值,此时会有较多的融化水渗入裂缝,使裂缝壁面常常处于浸水状态。即便是无冰雪,路面结构也是冻结的,且裂缝无疑总是潮湿的,在此期间进行裂缝填封修补,必须先清洁裂缝并使其干燥,才能够进行填封修补。在春季的 3 月底至 4 月初,裂缝的宽度约为最大宽度的 50%。此期间进行填封修补,不仅可以使填封材料很容易填入裂缝,而且填封在裂缝中的材料既不会受过度的拉伸应力,也不会受过度的压缩应力。这样,裂缝填封料与裂缝壁面间便不易被拉脱,填封料也不易被挤出裂缝,此时裂缝填封料的应力条件是最佳的。在许多文献中都认为:一年中中等凉爽温度(7℃~8℃)进行裂缝填补最为适宜,此环境温度不是太低也不算太高,较适合填封料的使用。而春季大多数时间的气温皆在7~8℃左右。

▶▶ 2. 夏季

在夏季,对于北方地区来说这段时间施工人员的工作条件较舒适,裂缝壁面已变干,而且裂缝填封料总是保持在填补所需的最佳温度。但在夏季,裂缝会渐渐变窄或合拢。由于此期间裂缝张开最小,填封料很难填入裂缝中,即便是填入裂缝,裂缝中的填封料实际上大部分时间也总是处于拉应力状态。裂缝填封料长期处在这种拉应力状态,很容易使填封料与裂缝壁面拉脱,使填封裂缝失效。

▶▶ 3. 秋季

在秋季,裂缝张开得也不大,填封料也不太容易被填入裂缝中,且其基本上是处于拉应力状态,只有少部分时间受到压缩应力的作用。而且在秋季期间对裂缝进行填封修补,相对于春季填封修补来说,时间是有些滞后,相当于推迟了填封修补时间,即延长了路表水渗入裂缝造成水损害的时间,加剧了裂缝的破损。

▶▶ 4. 冬季

一年中最冷的月份即在冬季,裂缝宽度达到最大。从尽量减小对沥青路面的损害和控制裂缝中填封料应力或应变的观点出发,较理想的填封裂缝时间是当裂缝完全张开时。此时裂缝中的填封料大部分时间只承受压缩应力,而少部分时间受相对较小的拉应力作用。所以,在这样的时期进行裂缝填封,即使是采用比较差的填封料进行裂缝填封也能取得较好的防止水渗入的功效。但是这个时期,环境温度太低,对填封材料的黏结性及其与裂缝壁面的黏附性影响很大,这将直接影响到最终填封修补的效果。而且因为裂缝真正出现最大值的时间相对很短,要想在裂缝宽度达到最大值的时候进行填封修补是很不切合实际的。若裂缝中的填封料抗压缩变形能力不足,还会在其他较温暖季节有被挤出的可能。

沥青路面裂缝填封修补较佳的时期为春季的4月至5月初,即环境温度为中等凉爽温度,裂缝宽度约为50%,填封材料受拉、压应力都不是太大时。

第二节　灌缝胶处理裂缝

一、灌缝胶处理裂缝

灌缝胶（又称密封胶）绝大多数是从国外引进的，如科莱福公司的密封胶产品和爱特易国际公司的 DF 系列产品等。根据材料组成和性质，可将灌缝胶分为两类：一类为沥青改性类；另一类为化工胶类。在选择材料时，应根据产品特点及所在地区的气候条件、养护道路的情况等综合考虑选定，以获得最佳的使用效果。比较常用的灌缝胶选用多种高分子聚合物等成分加工而成的沥青橡胶类灌缝胶，具有黏结能力强、弹性好、拉伸量大、不溶于水、不渗水、高温时不流淌、低温时不脆断和耐久性好等性能。

二、我国技术标准体系

我国先后发布了针对水泥混凝土路面接缝嵌缝材料的行业标准，对水泥混凝土路面接缝、嵌缝材料的试验方法及技术要求做了规定。但是沥青路面密封胶所用材质、性能特点、应用场合等都与水泥混凝土路面接缝嵌缝材料有较大区别，特别是近年来密封胶的材料创新和技术进步，水泥混凝土路面接缝和嵌缝材料标准不适用于评价沥青路面密封胶的性能。为此，交通运输部公路科学研究所起草了行业标准。

三、性能评价方法

密封胶的性能要求与沥青有很大区别，不适用沥青三大指标（针入度、延度、软化点）进行评价。由于密封胶常含有较大的橡胶颗粒，针入度试验的标准针针尖太细，针"扎在橡胶颗粒上"与"没扎在橡胶颗粒上"两种情况下的误差比较大，所以国外密封胶试验都是采用锥入度来代替针入度的。软化点试验有时候并不能完全反映密封胶的高温性能，尤其是不能反映密封胶在高温条件下的流淌程度，所以需要用特别为密封胶设计的流动试验来评价。特别是密封胶最关键的低温性能指标，用延度来评价是完全不合适的。首先，延度试验的试验温度最低只能达到 5℃，而我国的路面温度在冬季极端气温条件下一般都在 0℃以下，极端地区最低可达－30℃以下,因此延度试验不能实现足够低的试验温度,不适用于评价密封胶的低温性能。其次,密封胶开裂往往最常出现在密封胶与沥青路面缝壁的结合面上,延度试验不能反映密封胶与缝壁的黏结性能。

对于加热式改性沥青高分子聚合物密封胶,常用的试验评价方法有锥入度试验、流动试验、低温拉伸试验、弹性试验、沥青兼容性试验等。

(一)锥入度

锥入度试验采用沥青针入度仪,盛样皿采用内径 70 mm、深 45 mm 的大盛样皿。将原仪器的标准针取下换成特制的标准锥。标准锥由镁或其他适宜材料制造的圆锥体和可拆卸钢尖组成,如图 4－4 所示。标准锥总质量为 102.59 g±0.05 g,锥杆质量为 47.5 g±0.05 g,由刚性杆组成的锥杆其上端有一"台阶",其下端有一连接锥体的适当结构。外表面应抛光,使其非常光滑。洛氏硬度 HRC54－60,表面粗糙度 Ra0.2～0.3 μm 。

试验步骤同沥青针入度试验方法,不过在进行锥入度试验时,玻璃皿中不需要盛水。

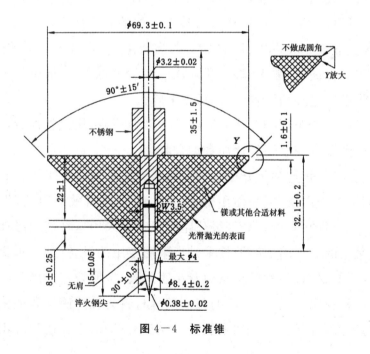

图 4－4 标准锥

(二)软化点

软化点试验方法见《公路工程沥青及沥青混合料试验规程》(JTJ E20—201 1)。

由于密封胶的软化点通常都高于 80℃,故需要按软化点大于 80℃的试验方法进行。

(三)流动试验

流动试验用于评价密封胶的高温性能。根据经验,有些密封胶软化点虽高,流动值却很差,在高温时容易产生流淌粘轮现象。因此,采用流动试验评价密封胶的高温性能更为合理。

四、灌封胶处理裂缝工艺

(一)工艺概述

灌缝技术作为沥青路面预防性养护技术的重要组成部分,通过封闭路面裂缝,防止水渗入路面结构内部,被国际上广泛认为是减缓路面病害出现、延长路面使用寿命的有效手段。然而,长期以来,我国对路面裂缝修补工作不够重视,灌缝材料多采用热沥青、乳化沥青等,一般不进行开槽处理而采用直接填封方法,灌缝技术比较落后。我国《公路养护技术规范》(JTGH 10—2009)和《公路沥青路面养护技术规范》(JTG 5142—2019)中裂缝修补方法的要点如下。

第一,缝宽在 5 mm 以内:清除缝中杂物及尘土;将稠度较低的热沥青(缝内潮湿时应采用乳化沥青)灌入缝内,灌入深度约为缝深的 2/3;填入干净石屑或粗砂,并捣实;将溢出缝外的沥青及石屑、砂清除。

第二,缝宽在 5 mm 以上:除去已松动的裂缝边缘;用热拌沥青混合料填入缝中,捣实;缝内潮湿时应采用乳化沥青混合料。

多年的实践证明,这种不开槽的裂缝修补方法虽然在施工设备和材料费用上投入少,初期施工费用低,但是使用寿命很短,裂缝密封效果很差,根本达不到裂缝维修的效果和目的。目前,高等级公路已经很少采用这种裂缝修补方式。

现代意义上的沥青路面灌缝技术是指采用专用的设备(如开槽机、灌缝机、打胶枪等)和专用的材料(各种类型路面专用密封胶)按照特定的施工工艺进行路面裂缝处理的一种技术。目前,主流的路面灌缝材料为加热施工式的橡胶沥青类密封胶,常温施工式的灌缝材料(如聚氨酯、聚硫、有机硅)也在逐步应用和推广。

(二)加热型密封胶灌缝工艺

加热型密封胶主要指橡胶沥青密封胶,施工时的灌入温度一般在 180℃～

200℃之间。加热型密封胶的灌缝技术一般包括开槽、清理、灌缝和养护四个步骤。

➤➤ 1. 开槽

采用专用的开槽机进行该项作业,按照裂缝标示,根据裂缝的宽度和深度,调整好开槽机的开槽宽度和深度,对准裂缝的中线切割出均匀的 U 形凹槽。裂缝两侧壁至少各去除 3 cm,以暴露出新的黏结面。

需要强调的是,当沥青路面表面层没有足够的强度抵御开槽机的切割冲击力时,不宜进行开槽处理,而应直接进行填缝。

➤➤ 2. 清理

清理裂缝中原有的尘土和开槽过程中产生的残渣,保证密封胶与缝壁间的牢固黏结。一般采用压缩空气或钢丝刷清理裂缝,必要时还可以采用热空气喷枪预热路面裂缝槽。

➤➤ 3. 灌缝

把密封胶加热至灌入温度,用灌缝机上带有刮平器的压力喷头将密封胶均匀灌入槽内。为保证密封胶温度不降低,出料管道应装有加热功能。采用针式喷嘴灌缝,或采用小拖靴在裂缝两侧拖成 5 cm 宽度的贴封层。每条裂缝的灌注工作应是连续的,如出现未完全填封的裂缝需要再次进行填封处理。

➤➤ 4. 养护

根据气温条件冷却 10～20 min 后开放交通。为了防止车轮黏起密封胶,有时在灌入密封胶后还要在其上撒上一些细砂。

(三)常温型密封胶灌缝技术

目前,主流的常温型密封胶是指有机硅(硅酮 Silicone)、聚氨酯和聚硫。改性乳化沥青材料由于温度敏感性大,低温时的脆裂不可避免,一般不再推荐用于裂缝处理。

常温型密封胶可分为单组分和双组分两种类型。单组分密封胶施工便捷,但是对材料的包装的密封性要求很高。单组分实际上也是双组分或多组分混合而成,只是密封性好,在存储过程中不发生固化。双组分密封胶施工前需要先按比例将两种组分混合均匀,优点是可以采用简易廉价的包装,另外固化时间一般比单组分要快。

常温型密封胶按流平性能可分为自流平型和非自流平型。自流平型密封胶施工便捷,采用手持式打胶枪即可操作;非自流平型密封胶一般采用抹缝方式进行施工,施工比较麻烦,使用效果较差。

常温型密封胶施工时一般也采用开槽灌缝方式,开槽和清理的步骤与加热型密封胶一样,灌缝时采用手持打胶枪挤压密封胶。对于沥青路面而言,采用深槽凹封式灌缝工艺是不合适的,这是因为沥青路面开槽一般也就在 2 cm 以内,切割过深既有困难又可能造成面层材料松散。在有机硅灌缝时尝试采用方槽凹封式工艺,方槽深宽均为 1 cm 左右,有机硅密封胶低于路面 1～2 mm,实际使用效果不够理想,低于路面的槽体凹面内出现积水、堆积砂石等现象。可采用沥青路面最常用的方槽灌封式和方槽贴封式,开槽清理后用打胶枪挤压密封胶,使得自流平的密封胶稍微高于槽面 1～2 mm,然后用铲刀刮平。第二种灌缝方式避免了凹封槽体内积水、积砂石的现象,当密封胶固化失黏后也不会出现被轮胎粘走的现象,取得了良好的效果。

五、开槽灌缝的利弊

开槽灌缝会对路面造成二次损害。因为开槽灌缝是在路面裂缝的基础上利用开槽设备对裂缝进行扩大,一般开槽宽度在 2 cm 左右,深度一般不大于 2 cm,然后利用吹风机把粉尘吹走,再进行灌缝,这样当时看来起到了防水效果,其实经过雨后检查,可以轻松把灌进裂缝的灌缝料揭掉,并看到开过槽的裂缝周壁都是潮湿的,可以断定这种情况并没有起到防水功能。分析其原因是开槽后利用吹风机吹走粉尘仅仅是吹掉了槽壁的表面粉尘,而对于大的粉尘和被开槽机扰动的松动颗粒并没有被吹掉,这样灌进去的灌缝料并没有与开过槽的裂缝壁形成良好黏结(从揭掉的灌缝料表面看有明显的细小颗粒可以断定),也就起不到防水作用。

更为严重的是,开槽后对路面造成了二次损害,因为开槽后路面形成了宽达 2 cm 的 U 形槽,车辆在经过 U 形槽时车轮分别要对其两个棱角进行冲击(开车经过时有明显的震动),这样经过很短一段时间的冲击就会把 U 形槽的两个棱角冲击破碎掉,进而在 U 形槽的两侧造成一个宽达 5～10 cm 的破碎带,此时只有对这个缝进行整体挖补,如果开的槽较多就只有挖补后再进行加铺(因为挖补后路面将千疮百孔，不利于行车舒适），给道路管养部门造成巨大损失，也对资源造成巨大浪费。

第三节　抗裂贴处理裂缝

抗裂贴为 1.3 mm 厚的聚合防水膜涂在 0.3 mm 厚的抗皱重载型聚丙烯机织物上，两种材料经严格工艺碾压制成宽度 97.8 mm 的卷材。抗裂贴适于裂缝病害已发展，面层边部一定范围内混合料已发生松动，但结构层尚好，单纯灌缝处理不能较好解决水分浸入的情况。该方法是将病害处切槽清出，灌缝后进行抗裂贴处理，加铺新面层。其施工工艺可以概括为：切槽—清缝—清槽—灌密封胶—涂底层油—铺抗裂贴—加铺新面层。聚合防水膜涂层、底层油处置以及灌缝处理有效地防止了水分的浸入，聚合防水膜涂层与下部结构层的有效联结，以及其较小的厚度，保证上面层不会发生荷载疲劳破坏，相当宽度上的聚合防水膜涂层的存在，一定程度上分散了裂缝发展可能产生的应力集中。聚丙烯机织物有效地分散了由于聚合防水膜涂层（厚度较小）的存在，加铺层下缘可能出现的拉应力。

目前国内道路病害主要是由于水损害造成的，水沿道路裂缝灌入到路面基层中，造成道路唧浆，裂缝不断扩大使路面出现坑槽，大大缩短路面的使用寿命，造成巨大的经济损失。目前我国道路裂缝病害的治理，通常采用沥青、乳化沥青或高分子聚合物密封胶灌缝处理，以防止雨、雪水沿裂缝灌入，但随着裂缝的发展，或在基层处理时，由于路面沥青混凝土的高温施工，造成灌缝材料的熔化，导致处理效果均不理想。针对这种情况，采用高分子聚合物抗裂贴处理公路工程路面、基层裂缝病害的施工技术，克服了高温熔化和低温开裂的现象，能有效地防止基层的裂缝反射到面层上来，同时能防止面层渗透下去的水进入基层的裂缝中去。

一、高分子聚合物抗裂贴特点

（一）应力吸收及抗开裂

高分子抗裂贴在沥青面层中，能够将车轮接触的下面层压力和轮载边缘以外区域受到的应力分散，在两块受力区域之间形成缓冲带，使此处应力逐步减小，减少应力集中对沥青面层的破坏，从而有效地延长路面的寿命。

(二)整体稳定性好

高分子抗裂贴凭借其良好的抗拉强度及黏结性能可以将下层裂缝两侧黏结起来,形成一定宽度的整体防护层。

(三)较好的抗低温开裂

由于高分子抗裂贴具有较强的抗拉强度,其在沥青面层中的应用,可以提高面层的横向拉伸强度,抵抗较大的拉应力而不至于破坏。即使局部区域产生裂纹,在裂纹处的应力集中,经高分子抗裂贴的传递而消失,裂纹也不会发展到面层而破坏路面。

(四)防水效果极佳

由于其低温柔性好,黏结力大,黏结压实后形成永久性无缝隙的黏结层,使雨水不能进入基层裂缝。

(五)耐热性

具有很高的耐热性,能承受 200℃左右的高温,化学性能稳定,同时能有效阻隔沥青摊铺时高温混合料对裂缝灌缝材料的影响。

(六)抗腐蚀,耐磨损,易于回收再利用

能承受 200℃左右的高温,因此在沥青混合料 165℃的高温下摊铺不变形、不推移;与道路面层材料之间具有很好的兼容性,强度高,黏结性能好,承载能力强,不仅可以适应大交通量的发展趋势,还可以大大延长路面的使用寿命。

二、宽度选择

宽度从 16 cm 到 98 cm,分为若干种类。根据多年的使用经验,结合实验室所做的裂缝应力模型分析,一般道路可选用以下几种宽度规格的产品。

(一)24 cm

建议在裂缝周围无龟裂或其他无损坏的纵/横向裂(接)缝(宽度为 1～5 mm)使用。

(二)32 cm

建议在水泥路面,半刚性基层,特别是纵/横向裂(接)缝(宽度为 5~10 mm),不规则裂缝、轻度龟裂表面、冷接缝和不同的路面材料(沥青/水泥)间的接缝处使用。

(三)48 cm(96 cm)

建议在水泥路表面已经修补或灌缝等处理过的路段的裂(接)缝(10~50 mm)、严重的龟裂或损坏的区域,以及桥面铺装的预养护处理等。

三、施工工艺

(一)工艺流程

第一,使用钢丝刷和吹风机对选择使用抗裂贴的裂(接)缝进行清洁、干燥处理,裂(接)缝表面须平整,无突起、洼陷、松散、碎石、油脂及其他污物,如有坑槽,必须填补。填缝处理方法如下。

①宽度在 5~19 mm 之间的裂(接)缝,必须将其清理干净,并用高分子聚合物密封胶填充。

②宽度在 19~50 mm 之间的裂(接)缝及下陷区域,必须将其清理干净,用胶砂、高分子聚合物密封胶或热沥青混合料充填并压实至现有高度。

③宽度超过 50 mm 的裂缝或坑槽,必须先将其清理干净,然后用胶砂、热沥青混合料或与结构层相同的材料进行填充处理。

④对于高度不同的裂(接)缝及下陷的区域,必须进行找平处理。

⑤对于桥面,路面的突起、铁钉等凸起物,必须进行清理或找平处理至平整。

第二,将抗裂贴背面的隔离膜(纸)揭去,有织物的一面朝上,以裂(接)缝为中心线将抗裂贴平整地贴在路面上。如遇不规则的裂(接)缝,可用裁纸刀将抗裂贴切断,按裂(接)缝的走向跟踪粘贴。但在抗裂贴与抗裂贴的结合处,要形成 5 cm 的重叠搭接。

第三,使用工具用力碾压将抗裂贴熨贴至地面(小量施工可用橡皮锤、带橡胶的滚筒,大量施工可用小型胶轮压路机集中碾压),以确保抗裂贴同路面结合成为一体,不能有气泡、皱褶等。

第四,抗裂贴施工完成后,尽量将完工的路面保护起来避免对抗裂贴表面的污染和破坏,因此,可尽早喷洒黏层油摊铺沥青混凝土,热摊铺厚度不低于 40 mm。

(二)注意事项

第一,抗裂贴施工时,其表面温度应在等于或大于 21℃的条件下使用,表层温度低于 21℃时,要使用温火烤抗裂贴的胶面,注意不得过烤,胶面熔化即可。或者使用常规的乳化类粘层油,用量在 0.5~1.0 kg/m²。

第二,在铺设前不得将隔离膜(纸)揭开。

第三,在铺设抗裂贴时应将成卷材料拉紧,铺设后的抗裂贴应平整、不起皱、不翘边。

第四,在铺设过程中若出现重叠时,重叠长度为 50~125 mm。不能超过两层以上的重叠。

第五,建议在铺设抗裂贴后用胶轮滚筒进行滚压至少三遍。

第六,铺设完成后,车辆即可通行。但是,与上面层铺设的间隔时间不应超过 24 h。

第七,当雨水天气、路面或建筑物表面布满霜冻或水雾、环境温度低于 4℃,路面或建筑物内在结构存在严重变形时,不能施工。

第八,抗裂贴正确铺设后,应紧密结合上面层的施工,避免受潮和雨淋。

第九,压实过程中,应将压路机调整到最低振幅和最高频率的位置,如果压路机振幅过大,可能会在抗裂贴的位置出现少量剥落。

(三)经济效益分析

结合我国近几年的高速公路病害治理情况,使用抗裂贴处理面层、基层裂缝既经济又合理,为快速有效地治理裂缝病害增加了一个新的途径。

从经济效益来看,将有病害的基层或面层挖除后重建,每平方米的挖补造价计算如下:挖除需 2.32 元/m²·cm,按河南阳济线建设标准计算,对基层进行处理,需挖除 33 cm 厚,挖除费用为 2.32×33＝76.56 元/m²新建结构层采用 7 cm＋8 cmAC－20 型沥青混凝土面层,基层采用 18 cm 的 ATB－25 型沥青混凝土处理,每平方米费用为:75.11＋85.84＋149.48＝310.43 元/m²,合计挖补处理费用为:386.99 元/m²。采用 32 cm 宽抗裂贴对基层裂缝进行处理,可以不对基层部分进行挖补,每平方米节约造价为:2.32×18+149.48=191.24 元。抗裂贴费用按平均 5 m 一道缝计算,每百平方米路面使用抗裂贴为 20 m 长,造价为:20×34.75=695 元,每平方米的工程造价仅为 6.95 元。总计采用抗裂贴处理基层裂缝每平方米可节约工程造价为:191.24-6.95=184.29 元。

采用传统的挖补处理工艺,施工期又较长,而使用抗裂贴处理大大节约工期,对运输繁忙的高速公路来说,产生的经济和社会效益是显著的。

从环保角度来看,传统的挖补处理,不但浪费资源,而且挖出的废料又造成一定环境污染;而使用抗裂贴时可回收利用资源,既保护了环境,又节约了资源。通过不断的对抗裂贴技术的研究和推广,可以满足各种道路裂缝治理的需求。

第四节　压缝带处理裂缝

一、压缝带的概述

压缝带是一种以沥青、改性剂为主要成分的宽度不等的带状产品,其上有一层塑料薄膜保护压缝带的上表面不受污染,可分为自粘型(又称路面创可贴)和热粘型两种。自粘型压缝带黏度较大,黏结力强,在常温下就可以使用;热粘型压缝带要用液化气喷枪烧烤缝面,并用余温烧烤压缝带使其软化后方可使用。压缝带种类繁多,采用较多的是从欧洲引进的魁道压缝带。魁道压缝带按照丹麦 DIN4062 测试标准,进行了以下测试,技术数据见表 4—6。

表 4—6　魁道压缝带按照丹麦 DIN4062 测试标准测试技术数据表

性能	测试结果	推荐值	方法
抗老化质量的改变/%	40.011	最大 2.0	U12DIN1995
软化点 re	103	最小 100	PANKH12
抗冷性 用测试球进行降落测试 测试球加热后进行降落测试 (100℃/15 h)	在降落测试中,3 个测试球都没有开裂	2/3 的测试球不会开裂	DIN1996 Teill8
加热改变球的形状(50 1/24 h).测试球 D/H	1.43	最大 4.0	DIN1996 Teill7
弯曲 01/℃·弯曲棒的直径 50 mm,弯曲度 180 * 0.5 s	2 个测试棒(长度 400 mm)没有开裂	测试样品不会开裂	DIN53152

用压缝带处理过的裂缝,在裂缝之间有很强的黏结力,裂缝两边区域强度得到了补充;弹性好(低温下仍具备良好的弹性),允许周围环境的移动;防水能力强;防止生物化学品的侵蚀能力强,封缝效果优于传统的灌缝措施,再加上使用压缝带无须设备投入,只要一只液化气灌和一支喷枪;无须扩缝,不会在裂缝两边形成更细微的裂缝;施工简便,只需将标准宽度为 12 cm 的压缝带,根据路面裂缝的实际宽度裁剪成需要宽度,安装快捷,只需用工具轻压撒砂,实现即时开放交通。如果经长期观测试验耐久性良好可以很好地推广使用。

二、压缝带施工

压缝带的施工方法十分简单,无须开槽,施工时清理缝面尘土和杂物,根据裂缝的宽度,裁割压缝带产品,避免污染压缝带的黏贴面。热黏式压缝带采用液化气喷火枪同时加热路面裂缝和压缝带的黏贴面,当沥青路面裂缝面出现油点且压缝带黏贴面变油滑时,即可黏贴在裂缝面上。当裂缝转弯向右时,只需稍稍烘烤压缝带左侧,反之亦然。对压缝带收尾部分,加热缝面和压缝带的时间可稍长些。压缝带黏贴在缝面上后,应加热压缝带两侧至油滑。自黏式压缝带无须加热,施工时直接用手掌按压一下即可,施工效率极高。根据气温条件,5～10 min 后开放交通。为了防止车轮粘起压缝带,可在压缝带面上撒些细砂。

三、裂缝修补方法

沥青路面裂缝的修补方法很多,一般可根据裂缝产生的原因、裂缝宽度和深度采用不同的养护措施。

第一,在高温季节,全部或大部分可愈合的轻微裂缝,可不加处理;不能愈合的轻微裂缝,可沿裂缝涂刷少量稠度较低的沥青或采用乳化沥青灌缝。

第二,对于路面的纵向或横向裂缝修补,这里重点介绍压缝带的施工,具体如下。

①清洁缝边路面的灰尘、脏物和松散的砂子。

②根据裂缝的宽度和裂缝的损坏程度,选择裁剪成不同宽度和厚度的压缝带,并避免污染压缝带粘贴面。

③用液化气喷火枪烘烤裂缝面,利用余热烘烤压缝带粘贴面,将塑料薄膜烤熔,压缝带变油滑后,即可自动粘在裂缝面上,裂缝必须居中。在压缝带的开头和收尾部分,烘烤时间要更长一些,在压缝带贴压在裂缝面上后,烘烤压缝带两侧至

油滑,使其与路面的结合平滑密实。(特别提示:喷烤时,喷枪不可集中一点不动,要来回摆动烤,加热的安全温度大于或等于200℃)

④为克服封缝带与原路面的色差效果,可在封缝带未完全冷却时在其上面撒一些细砂、细泥或粉煤灰。

⑤当裂缝宽大于20 mm时,首先用普通材料填满特大缝大约至缝宽1.5倍的高度,即填充料至缝面的距离大约是缝宽的1.5倍。把大缝封缝料熔化后浇在缝里,并加入适量干净的碎石料,如此反复直到缝满,这个过程要进行人工捣实,再在其上贴封缝带;当裂缝小于10 mm时,可直接贴封缝带;当裂缝介于10~20 mm之间时,应用细砂进行填实后再贴封缝带。

⑥施工现场应做好交通管制,确保施工安全。

第三,压缝带处置沥青混凝土路面裂缝效果。某路段在路况检评时检测出纵横向裂缝1 060 m,采用压缝带处置了路段较严重的纵横裂缝860 m。在检评数据显示路段的纵横轻微裂缝为210 m。采用封缝带进行封缝处理确保了雨水不下渗,经过半年多的现场试验使用效果较好。

沥青路面裂缝修补的效果与材料的选择、裂缝封闭处理设计和施工工艺等有密切的关系,因此,在裂缝修补过程中,应选择优良的修补材料。采用魁道路面裂缝材料进行预防性养护,可延长路面使用寿命,具有很好的社会、经济效益;采用封缝带进行沥青路面裂缝处理,可提高营运公路的服务水平,减少养护对交通的干扰,使养护变得便捷、简单。

第五节　HAP综合裂缝处理

HAP综合裂缝处理法综合运用了热沥青浇注法、稀浆封层法、贴封带法和机械灌注法等方法,并从工艺、材料上对这些方法进行了较大程度的改进,能够从路面深层出发,对裂缝病害进行根本上的治理。HAP综合裂缝处理法主要包括HAP改性环氧树脂灌缝胶高压灌注法、HAP高性能改性环氧砂浆填补法、HAP改性沥青浇注法等3种方法,这3种方法都是对热沥青浇注法、稀浆封层法、贴封带法和机械灌注法等几种方法的综合运用和改进。

一、HAP改性环氧树脂灌缝胶高压灌注法

目前比较常用的压力灌缝法是沿着裂缝开槽,开槽深度1.5~2.5 cm,宽度

1.5 cm，然后直接在槽中沿槽底拖动灌缝枪，将槽灌满，并稍高出路面，1～2 min 后冷却，材料稍微收缩，形成与路面高度平齐的一条缝。对一些比较细小的裂缝，则直接用灌缝枪在一定压力下沿着裂缝灌注材料填补裂缝。

这些方法只是从表层对裂缝进行灌注封闭，灌缝材料可渗透至路面层以下 4～5 cm，且裂缝各个部位灌注情况不同；而裂缝往往贯穿于整个沥青混凝土面层，达到 10 cm 左右的深度，因此这种方法只是从表面上解决了裂缝问题，无法对整条裂缝进行完整的填补。

HAP 改性环氧树脂灌缝胶高压灌注法是针对宽度为 2～5 mm，且未出现唧浆的裂缝所采用的方法，这种方法采用从裂缝侧面使用冲击钻钻孔进行灌注的方式，沿着整条裂缝两边每隔 20～30 cm 钻深约 10 cm 的孔，孔眼直径 1 cm，孔眼距离裂缝 4～7 cm，打孔时钻头与地面成约 70°夹角，使孔眼在深约 10 cm 的裂缝底部与裂缝贯通，然后在孔眼处插入 4～5 cm 的针头，沿着针头将改性环氧树脂灌缝胶用高压注入裂缝，使用的灌缝机具压力为 1～10 MPa。灌缝胶首先从与裂缝底部相贯穿的孔眼注入，填满裂缝底部后，才逐渐依靠压力使材料从下到上填满整条裂缝，灌缝胶填满整条裂缝后会从裂缝外预留排压处渗出，此时即可认为此孔眼附近的裂缝已填满。这种自下而上的裂缝灌注方法，依靠一定的压力使灌缝胶能够完整地填补整条裂缝，能从根本上对裂缝进行治理。灌注完裂缝后再使用 HAP 改性乳化沥青封层对整条裂缝进行处理，既填补了主裂缝附近的微小缝隙，防止了水损害，又改善了路面外观，从而从整体上使裂缝路面的性能得到了提高。

（一）施工工艺流程

第一，根据交通部标准《公路养护安全作业规程》(JTG H30－2015)设置施工标志、路锥，设专人指挥交通，并根据施工进度随时移动施工标志、路锥。

第二，使用高压风机清扫裂缝表面尘土和杂物，若裂缝中有少量残余水分可使用热风机吹干。

第三，使用冲击钻沿着裂缝钻孔，在裂缝两边每隔约 20 cm 均匀钻孔，同时用高压风机吹走所钻出的粉尘，在孔眼中插入膨胀针头（带有橡胶圈的针头）。

第四，使用改性环氧树脂封缝胶均匀涂抹于裂缝外层，对裂缝进行封闭，每隔约 10 cm 可预留一个排压处，使高压灌缝作业中多余的压力和灌缝胶被排出，使沥青混凝土路面层得到保护，不会受到压力的影响。改性环氧树脂封缝胶涂抹约 1 h 后干燥固化，可进行下一步施工。

第五,将双组分改性环氧树脂灌缝胶按比例混合搅拌均匀,将其加人高压灌缝机中,将高压灌缝机出料口与针头相连接,加压使灌缝胶从下而上注入裂缝,当灌缝胶从排压处排出时即可认为裂缝已灌满,停止灌注。

第六,拔出膨胀针头并用清洗剂进行清洗,使用改性环氧树脂封缝胶填补孔眼。

第七,3～5 h后,改性环氧树脂灌缝胶基本干燥固化后,对路面进行清理,再进行 HAP 改性乳化沥青封层施工。

(二)改性环氧树脂灌缝胶

双组分改性环氧树脂灌缝胶分别由主剂和固化剂两种成分组成,两种组分在单独存在时为液体,在使用时将两种成分按一定配比混合均匀后即发生化学聚合反应,反应2～3 h后即完全干燥固化。固化干燥后改性环氧树脂灌缝胶具有极强的黏结性能和硬度,且具有一定弯曲韧性,环氧树脂灌缝胶干燥后的拉伸强度为50～70 MPa,断裂韧性为0.7～0.8 J/m^{2}其黏结性能远远大于普通改性沥青,可以对裂缝起到很好的填补作用,并对裂缝结合处两侧的沥青混凝土路面层起到一定的黏结作用,使裂缝填补后结合得较为牢固。

改性环氧树脂灌缝胶主剂由环氧树脂、稀释剂、增韧改性剂等多种成分混合组成,固化剂由单组分组成。

(三)HAP 改性乳化沥青封层

HAP 改性乳化沥青封层使用改性乳化沥青中加入细砂的方法进行封层施工。改性乳化沥青使用橡胶类改性剂对乳化沥青进行改性,具有防水、防老化、耐磨和黏结能力强等多种优良性能,在封层施工中加入细砂,进一步提高封层的耐磨性能和路面的抗滑性能,使路面兼具了防水、防老化和抗滑等多重功能,极大地改善了沥青混凝土路面的路用性能。

HAP 改性乳化沥青封层在裂缝外层以裂缝为中心,宽度1.5～2 m的范围内进行施工,对主裂缝附近的轻微裂缝进行了很好的填充和封闭,并使以主裂缝为中心较大范围的路面的防水、防老化和抗滑性能得到了提高,大大减小了裂缝区域再次遭受水损害等病害破坏的可能性,从较大的范围上使裂缝在处理后形成了一个整体防护区域,其各方面路用性能都得到了极大提高。

二、HAP 高性能改性环氧砂浆填补法

HAP 高性能改性环氧砂浆填补法是针对已出现唧浆等破坏较为严重的裂缝所采用的治理方法。出现唧浆的裂缝,裂缝两边的沥青混合料已经较为松散,且沥青混凝土路面层下部已经遭到破坏。

对于已产生唧浆的裂缝,采用常规的浇注热沥青或者单纯的开挖沥青混凝土路面层后使用沥青混合料填补的方法很难解决问题,这些治理方法不能使沥青混凝土路面层下部已遭破坏的部分得到有效的治理,不能从内部对裂缝进行治理,在一段时间的阴雨天气后,裂缝唧浆的现象还会反复出现。

HAP 高性能改性环氧砂浆填补法是将 HAP 改性环氧树脂灌缝胶高压灌注法和开挖后填补环氧砂浆两种方法结合起来使用,不仅将裂缝深层使用改性环氧树脂灌缝胶进行填充,而且开挖掉裂缝表层已松散的沥青混合料,对开挖后形成的坑槽使用高性能的环氧砂浆进行填补,能从根本上解决裂缝唧浆的问题,使裂缝治理后不会出现反复唧浆的问题。

环氧砂浆为在与路面设计级配相近的集料中加入橡胶粉、双组分改性环氧树脂灌缝胶,搅拌均匀所制成。环氧树脂的黏结能力远远大于沥青,因此环氧砂浆具有极强的黏结能力,干燥后非常坚固,填补坑洞后对沥青混凝土路面层能起到很好的填补加固和封堵作用,且不易剥落,能够防止下层泥浆的继续唧出。橡胶粉有改善环氧砂浆弹性的作用,使环氧砂浆干燥后有一定的弹性,与沥青混凝土路面性能更加接近。

填补环氧砂浆后,最外层再使用 HAP 改性乳化沥青封层进行处理,对微裂缝进行填补,并且加强了路面层的防水、抗老化和抗滑性能,从而使裂缝附近路面形成了一个完整的防护区域,使裂缝病害得到了完整的治理,提高了路面的抗病害能力和使用性能。

此方法施工工艺流程如下。

第一,根据交通部标准《公路养护安全作业规程》(JTG H30-2015)设置施工标志、路锥,设专人指挥交通,并根据施工进度随时移动施工标志、路锥。

第二,使用电锤沿裂缝开挖已松散的沥青混合料,开挖深度 4~5 cm,即开挖掉沥青混凝土路面上面层(对破坏较严重的裂缝也可相应开挖深一些),开挖宽度为 10~20 cm。

第三,使用高压风机清理裂缝深层的泥浆和水,若泥浆较多可加入适量水反

复清洗吹干,直至将泥浆清理干净为止,可配合使用热风机吹干裂缝中的水分。

第四,泥浆清理干净后使用 HAP 改性环氧树脂灌缝胶高压灌注法对深层裂缝进行处理。

第五,使用钢丝刷对开挖的坑槽进行打磨,使用高压风机清理干净粉尘。

第六,将拌制好的环氧砂浆填补进坑槽内,使用刮板刮平。

第七,3～5 h 后,待改性环氧树脂灌缝胶和环氧砂浆基本干燥固化后,对路面进行清理,再进行 HAP 改性乳化沥青封层施工。

针对少量损害较为轻微的裂缝使用改性热沥青进行浇注,浇注后在外层使用改性沥青贴缝带进行黏结封闭,最外层再使用 HAP 封层进行处理。所用改性沥青黏结能力强,对微裂缝能够起到很好的填补加固作用。

第六节 裂缝填封再破损

一、裂缝填封再破损原因分析

(一)填封料脱出

填封料与裂缝壁面之间失去黏附性,在外力的作用下,很容易从裂缝中脱出,使填封裂缝失去防水能力。填封料脱出可能是由于材料和工艺两个方面原因造成的。

▶▶ 1. 填封材料黏附性不强

因填封材料与裂缝裂面旧料之间的兼容性较差,两者之间形成不了较强的黏附力,或者由于填封材料的渗透性较差,填封时未能渗入到裂缝壁面旧料孔隙与微缝中,不能牢牢地楔入和锚固在裂缝壁面上,产生不了较强的黏附力。而填封料自身的黏结力也会影响其与裂缝壁面之间的黏附性能,若其自身的黏结力不高,则其黏附性能也不会很好。由于填封料与裂缝壁面之间黏附力不足,填封裂缝在剪切应力、拉伸应力及动水压力作用下,两者很容易脱开。在车轮形成的真空吸力及其他外力作用下,填封料便会从裂缝中脱出,而使填封裂缝失效。

2. 填封材料的高温稳定性较差

若填封材料高温稳定性不足,则裂缝中的填封料在高温环境下会变软甚至出现流淌;受交通荷载形成的压缩应力作用,或受裂缝不断合拢趋势的作用,填封料很容易被挤出或溢出裂缝,车辆驶过裂缝,便会被车轮带走,而使填封料逐渐从裂缝中脱出,使填封裂缝失效。

3. 裂缝壁面未处理好

裂缝壁面未按要求将松散、破损的壁面材料清除掉,裂缝填封后,裂缝壁面与填封料间将很容易脱开。如果填封裂缝前裂缝壁面未彻底清洁干净或壁面仍然潮湿含水,将大大影响裂缝填封材料与裂缝壁面之间的黏结效果,造成两者易于脱开。而环境温度对填封料的黏附性能影响很大,若填封裂缝时施工,温度过低,则会使填封料黏结性能下降,渗透能力减弱,这将同样会造成填封料与裂缝壁面易于脱开。因此,裂缝壁面未处理好,将造成裂缝壁面与填封料间黏附性能下降,在外力作用下填封料很容易脱出,而使填封裂缝失效。

(二)填封料断裂

裂缝中的填封材料出现断开、破裂后,也会使填封裂缝失去防水能力,而造成填封裂缝失效。填封料出现断裂主要是由于其自身的材料性能不佳引起的。

1. 填封材料黏结力不足

沥青路面裂缝中的填封材料在交通荷载反复作用下,将处于拉、压应力应变交迭变化的状态。若填封材料黏结力不高,则在交变应力应变的作用下会产生疲劳断裂。或者由于填封裂缝受到重载车辆的作用,使裂缝中的填封料受到很大的拉应力,当此拉应力超过填封料自身的抗拉强度,填封料便会被拉断而形成新的裂缝,丧失了原填封裂缝的防水能力,即造成填封裂缝失效。

2. 填封材料低温抗裂性能较差

若裂缝中的填封材料低温抗裂性能较差,则在低温环境下,其抗变形能力不足。此时,填封料在拉应力应变的作用下或在拉、压交变应力应变作用下,很容易被拉伸断裂或称脆断开裂,使填封裂缝失效。

(三)二次开裂

二次开裂是指在原有裂缝附近又产生一条与之平行开裂的短裂缝,水会通过二次开裂形成的短裂缝渗入沥青路面结构中,从而造成填封裂缝失效。产生填封裂缝二次开裂的主要原因是填封材料自身的弹性和延展性较差。若裂缝中的填封料弹性和延展性不足,即较硬而没有延展性,特别是在其延展性不足时,填封材料不能有效消解其受到的应力,而将应力传递给填封裂缝附近的路面材料。若裂缝附近某处的路面材料抗拉、压能力较差,则会在该处产生新的裂缝,使填封裂缝失效。

二、填缝的受力变形分析及破损防治途径

沥青路面一旦产生裂缝,其缝隙在寒冷期会进一步扩张,而在温暖期会不断合拢,这种裂缝边缘的差异移动称为裂缝位移。裂缝位移通常存在以下三种类型:

第一,水平裂缝位移;

第二,垂直向上或垂直向下的竖向位移;

第三,上下反复的竖向位移。

对填封修补的沥青路面结构在荷载作用下的裂缝缝隙内部受力状态有限元分析表明:

第一,变化缝宽计算得到的受力状态差别不大,而改变裂缝填封材料的模量其应力则明显发生变化;

第二,缝壁的黏结抗拉并非主要由荷载作用决定,而更主要的取决于温度作用引起的沥青面层收缩变形量大小;

第三,缝壁面的黏结抗剪要求主要由荷载作用决定,裂缝材料内部也存在较显著的剪切作用,需要对其作材料的抗剪强度要求。

考虑到裂缝修补材料及路面结构材料在不同温度条件下的模量及抗力参数变化,因此高温和低温情况是沥青路面裂缝填封修补再破损的主要出现时机,需要通过严格的填封修补材料高温稳定性、黏结抗拉性、延伸性以及低温抗剪裂强度要求来保证其低温不再次开裂,高温也具有一定的黏结抗剪流变能力。

在裂缝修补的工程实践操作中,建议应重视以下方面,以防止裂缝填封的再破损病害过早出现:

第一，选择低温延伸性及弹性较好的裂缝填封材料，以使其能适应当地的低温环境延伸要求；

第二，通过室内试验来选择与沥青混凝土缝壁有良好黏结及抗剪裂性能的裂缝填封修补材料；

第三，扩缝填封以更好地保证填封的充分及缝壁的良好工作状态；

第四，注意结合工程情况，尝试扩开较宽槽口填封或采取填封表面溢出材料帽封处理来改善缝隙填封材料的受力状态、密闭缝侧表面的微裂缝；

第五，结合填封进行缝隙两侧的路面表面再生剂或雾封处理以改善裂缝周围的微裂缝和细小裂缝的泌水效果，延长裂缝填封的效果。

沥青路面的裂缝修补需要结合裂缝破坏的实际状况进行技术处理，采取裂缝填封修补的主要目的在于阻止雨水沿缝下渗。裂缝填封修补的再破损有填封材料原因，有修补工艺原因，也有路面环境状况及路面结构材料本身原因。

保证裂缝修补的有效性、延缓填封的再破损需要通过技术手段加以严格要求。通过室内试验进行填封材料的选择是比较可行的技术手段之一，应优选高温稳定性、低温黏结性、低温抗剪裂流变性较好的材料进行裂缝修补，并应结合室内试验要求确定明确的试验技术指标，以便于工程试验控制。沥青路面裂缝填封同时也需要重视填封修补的施工工艺。开槽扩缝能够较好地保证填封材料的有效灌填及其与缝壁面的良好黏结，从而改善其黏结抗脱状况，有效防止裂缝的再次破损。而采取填封材料的溢出表面贴封施工，或裂缝周围沥青层表面的养护剂涂刷缝侧微裂缝等，也可有效改善水分的下渗状况，从而保证裂缝填封的持久效果，使裂缝填封的养护经济效益更明显。

第五章 封层类预防性养护技术

第一节 微表处施工

一、微表处技术简介

微表处技术是一种功能完善的道路养护方法,它不仅可以迅速恢复和改善原路面的磨损、老化、光滑、松散和坑槽等病害,提高路面的抗滑性,改善路面平整度和行车舒适性,提高路面的使用性能和耐久性,还可以提高原路面的承载力和防病害能力,对于降低路面的透水性,治理和改善路面网裂、松散等功能性破坏也有良好的效果。此外微表处的应用对降低路面的噪声污染也有显著的效果。微表处技术完全适用于高速公路路面的养护,与其他的路面施工养护措施相比,它具有施工快捷方便,大大缩短开放交通时间,节约能源,成本较低等优点。微表处养护技术的应用主要有以下几个方面。

(一)作封水处理,处置路面水损害

水损害是高速公路路基路面破坏的主要类型之一,据有关部门调查显示,使用1年以上的高速公路,都不同程度地存在水破坏现象。这主要是由于高速公路铺筑的不均匀性,路面总存在一些空隙率较大和自由水容易渗透的位置,再加上行车作用,从而出现一些随机分布的坑洞等水破坏。半刚性基层沥青路面出现水损害的原因是多方面的,防治方法也多种多样,但从根本上讲总体思路就是"封水、排水"。微表处密不透水,有非常好的路面封水效果,对路面进行封水处理也是目前微表处在我国的主要用途之一,采用微表处技术作防渗水处置后,可延缓和阻止病害的继续发展,防止路面病害进一步恶化,避免造成结构性破坏,维持路面的使用,推迟大修日期,有效延长路面使用寿命。

(二)当出现了表面功能衰减、轻微车辙和不平整时,恢复路面服务功能

无论是在高速公路、城市道路上或在交通量大的交叉路口,微表处理技术都

能以其特有的方式在一次摊铺中解决提高道路的抗滑能力、提高路面性能或封填网状裂纹等问题。微表处技术,可以在路面上形成比较密实、坚固的路面磨耗层,治疗路面早期病害,延长路面使用寿命,节约沥青材料和资金,提高养护质量。而且这项技术不同于以往的热沥青摊铺,路面能够在较短时间内达到正常使用功能,特别适用于城市一般道路、城市快速路和高速公路路面磨损后的修复。微表处的厚度仅为 10 mm 左右,集料的最大粒径在微表处层内"顶天立地",没有经过压路机碾压的粗骨料突出到微表处表面,使得微表处层具有很大的构造深度和摩擦系数,同时由于使用了改性的乳化沥青,使得沥青与集料间的黏结牢固,粗骨料不会在行车作用下飞散,从而保证了微表处的抗滑性能不会随使用期的延长而迅速衰减。

我国开始进行微表处技术研究和推广应用以来,微表处技术的优越性已经逐步得到我国广大公路工作者的认可,并在我国的 10 多条高速公路的路面养护中得到应用。国内应用了微表处的高速公路包括四川内宜高速公路、京沪高速公路、山西太旧高速公路、沪杭高速公路上海段、沪嘉高速公路上海段、沪宁高速公路、成渝高速公路重庆段、沈哈高速公路辽宁铁岭段、京石高速公路河北段、石太高速公路河北段、沪杭甬高速公路浙江段、山东东港高速公路和济青高速公路、泉厦高速公路、京沪高速公路江苏段,以及陕西、甘肃、河南、广东等省的高速公路,京秦高速公路河北段上也进行了微表处的试验段施工。

二、微表处施工条件

(一)气温条件

第一,路面的温度在微表处固化过程中起着重要的作用。因为固化过程依赖于水从稀浆混合料中的蒸发程度,对于快凝系统来说,其早期通过化学作用将水分"挤出",然后靠水分蒸发逐渐形成强度,从而加快成型的时间,因此道路温度较高对加快微表处成型是有利的。但在高温季节,摊铺机应对路面喷洒水雾,以降低路面温度,从而防止乳液与路面接触时就发生破乳,影响其对原路面的填充与黏结作用。

第二,尽管微表处能在短时间内开放交通,但是层间的水分仍将滞留较长的时间,如果产生冰冻,封层系统将遭到破坏,因此 24 h 内如果有霜冻的可能,应避免施工。

第三,气温未达到 10℃,微表处不宜施工,在气温大于 7℃并持续上升时可以施工。

第四,雨后路面积水未干或未清除之前,不可施工。

第五,施工养护成型期内可能会降雨,则不可施工。

(二)原路面条件

微表处由于厚度薄,主要起防水、防滑、抗磨耗、改善路面平整度和改善路面外观的作用,在路面上结构体中,只能作为表面保护层和磨耗层,属于恢复表面功能的处理手段,它不能解决路面结构性病害,不起承重性的结构作用。微表处的使用寿命在很大程度上取决于原路面的状况,因此为了确保施工后的路面质量,在进行微表处施工前,必须对原路面的局部病害进行处理,使原路面必须满足以下条件,方可以开始微表处的施工。

第一,具有足够的强度和刚度。原路面及基层是承重层,应能承受荷载的作用,在重复荷载的作用下,不产生残余变形,也不允许产生剪切和弯拉破坏。

第二,具有良好的整体稳定性。原路面上的整体稳定和热稳定性良好,是保证施工后路面稳定性的基本条件。

第三,为了保证微表处层与原路面的良好黏结,要求原路面清洁,原路面上的松散材料、泥土、杂物都会影响微表处与原路面的黏结,造成脱皮。

当原路面上有坑洞、边缘破损和宽大裂缝时,应进行修补;有深洞时,应分层填补并压实。虽然稀浆混合料可以填补多数的裂缝,但最好还是在铺设稀浆之前,将宽大的裂缝填封或者灌缝处理。对于较大的壅包和较深的车辙,应先进行处理。修补完后,在进行微表处施工前,必须把路面上遗留的材料、泥土、杂草和其他有害物质都清理干净,可以用扫帚清扫,也可用水清洁或用鼓风机吹的方法,如果用水清洁,应待路面的所有裂缝都干燥后再进行微表处。当原路面孔隙率很大或透水性较大时,应避免用水冲洗,可采用高压气吹的方法清理。同时应采用适当的方法将路面上的检查井、跌水式进水口等设施保护好,以免受微表处材料的污染。不允许有集料颗粒留在路面上,当原路面有大块油污时,应将其先清除再施工,以免影响稀浆混合料与原路面的黏结性能。

(三)施工队伍保证

微表处施工较严格,为了保证施工效果,达到预期的目标,必须有一支技术熟练、配合默契的专业施工队,这是对微表处封层施工质量的保证。此外对于道路上原有的一些交通或者服务设施也应该采取适当的保护措施。

(四)原材料方面的要求

原材料的品质直接关系到微表处的施工质量,因此,应对原材料精心把关。在进行微表处施工时要考虑以下五个方面的问题,以确保微表处的施工质量。

▶▶ 1. 改性乳化沥青

微表处混合料中起黏结作用的是所用的改性乳化沥青材料,因此乳化沥青中的沥青应符合道路石油沥青标准。用于微表处的改性乳化沥青还要满足微表处级配集料的拌和要求,也就是乳液和集料在拌和、摊铺过程中稀浆混合料必须均匀、不破乳、不离析、处于良好的流动状态。微表处铺设后成型时间可控制在 1 h 左右,宜使用慢裂快凝型乳化剂和 SBR 改性剂,用量分别为沥青质量的 1%~1.2%和 3%~6%,一般在使用前 1~2 天在现场制备,并根据石料的种类和气候条件选用。对酸性石料或低温下施工时宜采用阳离子乳化沥青,对碱性石料或与水泥、石灰共同使用的宜采用阴离子乳化沥青。改性乳化沥青的制备方法是先用改性材料将沥青改性,再将改性沥青在乳化机中进行乳化。

▶▶ 2. 集料

(1)集料的级配

集料在微表处中起骨架作用,它的最大粒径决定了封层的厚度。

混合料的级配对稀浆混合料状态和工作性能有很大的影响,对稀浆能否达到一个良好的稠度起决定作用。密实的沥青混合料可具有较高的强度、较好的耐磨和抗疲劳性能,且不透水、耐老化,路面的使用寿命也长。用作面层的沥青混合料,大都趋向于采用密实型级配。一个良好的集料级配组成应该是在热稳定性允许的条件下使集料孔隙率最小,为保证有足够的裹覆沥青所需要的结构表面积,集料之间应处于最紧密的状态,并为集料与沥青之间的相互作用创造良好的条件,使沥青混合料最大限度地发挥其结构强度的效应,从而获得最好的使用品质。大多数情况下,单一来源的集料级配不会有太大的变化,但在具体实施过程中,应当重视以下几种情况:①由于生产计划调整或为达到空气质量控制标准而改变了集料的生产方法;②工程工期很长时;③采石场中,开采石料的区域发生较大变化时;④运输过程中集料级配的扰动(特别是细料)。

(2)集料的性质

除对混合料的级配有一定的要求之外,微表处也对集料本身的材质、形状、级配和粒径规格等提出了系列要求。

第一,坚硬耐磨:微表处一般是铺在公路的表面,直接与车轮接触,为提高封层的抗滑耐磨性能,延长封层使用寿命,选用强度高、硬度大、耐磨性好的玄武岩、安山岩、花岗岩等石料做集料。

第二,洁净:集料中的泥含量过高时,会产生一系列不利因素,如养护时发生过分的收缩、抗磨耗性能降低,对慢裂快凝型系统而言,有可能在拌和时就破乳,从而无法形成相对稳定的稀浆,所以集料中的泥含量不能过高。

第三,粗糙:集料应选用棱角较多、表面粗糙的轧制石料,这样可以提高封层抗滑和抗磨耗性能,在交通量大、行驶车速高的路段更应如此。

第四,剔除超大粒径的颗粒:如集料中含有粒径超过封层的大颗粒,在稀浆混合料摊铺时,由于受稀浆封层摊铺机橡胶刮板的阻挡,将大颗粒积聚在摊铺箱橡胶刮板的前方,大颗粒随摊铺箱前进时就会在铺好的稀浆封层上划出纵向沟痕。用无风化、无杂质、干燥、洁净的石灰岩生产的石屑(3～5 mm),其砂当量＞65％,级配组成必须符合级配标准,其颗粒组成符合要求。

3. 填料

填料可改善级配、提高稀浆混合料的稳定性、加快或减缓破乳速度、提高封层的强度。填料可分为不具有化学活性和具有化学活性两种。不具有化学活性的一般指矿粉,具有化学活性的主要有水泥、石灰、硫酸、粉煤灰等。在添加具有化学活性的填料时,应充分考虑填料与集料、乳化沥青的反应及兼容性,应利用稀浆混合料的拌和、摊铺和成型,保证封层的整体强度。在微表处工艺中填料主要起到改善级配、提高稀浆混合料的稳定性及提高封层的强度等几方面的作用。添加化学活性填料时应充分考虑填料与矿料、改性乳化沥青的反应及兼容性,有利于稀浆混合料的拌和、摊铺和成型,保证封层的整体强度。

4. 添加剂

稀浆混合料中的添加剂视需要而定。添加剂可分为促凝剂和缓凝剂,其作用主要是加快或减缓乳化剂沥青在稀浆混合料中的破乳速度,满足拌和、摊铺和开放交通的需要。添加剂的类型应在室内试验时确定,或由乳化剂生产厂配套指定。它可以是有机酸、无机盐,也可以是其他高分子聚合物、表面活性剂等,另外,抗剥落剂及改性剂等也可以通过添加剂的方式添加到混合料中。

》》5. 水

水是构成稀浆混合料的重要组成部分,它的用量的大小是决定稀浆稠度和密实的主要因素。稀浆混合料中的水是由集料的水、乳液中的水和拌和时的外加水构成的。任何一种级配良好的混合物都可以由集料、乳液及适当的外加水组成稳定的稀浆。用于微表处的拌和用水为饮用水,在采用其他途径的水时,要进行试验,以检测水的 pH 值和各种微量元素的含量。

(五)微表处施工前设备的准备

微表处摊铺车采用的是体积计量方式,而进行混合料设计得出的是各组成材料的质量比例,因此需要对摊铺车进行标定。摊铺车标定结果正确与否直接关系到混合料的实际油石比与设计油石比是否相符。微表处封层车的计量控制系统,施工前应进行严格的计量标定工作,应根据室内试验确定的稀浆混合料设计配合比,对集料、填料、乳化沥青、水、添加剂等各种材料的用量,进行单位输出量的标定。通常在以下几种情况下必须进行计量标定工作:

第一,微表处摊铺机器在第一次使用前;

第二,微表处摊铺机器每年的第一次使用前;

第三,原材料或配合比发生较大变化时。

(六)微表处施工前放样画线

为了保证微表处沿路线方向摊铺,有时候需要根据路幅宽度、摊铺槽宽度,在保证摊铺次数为整数的条件下沿摊铺方向画出控制线。也可以直接以车道线、路缘石等为参照,这样摊铺方向可以得到保证。

(七)微表处施工前的交通准备

施工过程中的交通管制十分重要,一方面是为了保证施工人员和机具安全;另一方面也可以防止车辆驶入未成型的微表处层,影响路表美观。

三、微表处的施工工艺

(一)微表处摊铺步骤

第一,将摊铺车开至施工起点处,调整好摊铺槽的宽度、摊铺厚度和拱度。

第二,再次确认各材料的设定准确无误。

第三,开动发动机,使拌和器和摊铺槽的螺旋分料器首先转动起来。

第四,打开各材料的控制开关,使各组成材料几乎同时进入到拌和器中,应让一名施工人员用铁锹将最初排出的材料接走,倒入废料车。

第五,调节螺旋分料器的转动方向,使稀浆混合料均匀地分布到摊铺槽中,当材料充满摊铺槽 1/2 左右深度时,操作人员示意驾驶员开动摊铺车,以 1.5～3.0 km/h 的速度匀速前进,摊铺的速度应保证摊铺槽内混合料体积占摊铺槽体积的 1/2 左右,保证分料器能搅拌到混合料。

第六,对于摊铺后路面的局部缺陷,应及时人工找补。手工作业可以使用橡胶拖把或者铁锹等工具,但不得使用扫帚。

第七,应时刻注意各组成材料的使用情况,当任何一种材料接近用完时,应立即关闭各材料的输出,待摊铺槽中的混合料全部摊出到路面上以后,摊铺车停止前进。

第八,施工人员应立即将施工末段 1～2 m 范围内的材料清除,倒入废料车中。

第九,用高压水枪清洗摊铺槽,然后卸下摊铺槽,摊铺车开至料场装料。

(二)微表处施工关键工艺的控制

≫≫ 1. 预湿水的处理

天气过于干燥炎热时,对原路面进行预洒水,有利于稀浆对原路面的牢固黏结。一些新式的封层机都带有预洒水设备,只需摊铺时打开即可。对于无洒水系统的摊铺机或人工摊铺,采用其他方式洒水,但应避免洒水过多,量的控制以路面无积水为宜,洒水后可立即摊铺。

≫≫ 2. 接缝的处理

纵缝是指与摊铺方向平行的缝,纵缝是影响封层总体外观的重要方面,因此纵缝的处理非常关键。微表处的纵向接缝宜做成搭接接缝。在先铺筑的接缝处进行预湿水处理有助于两车稀浆混合料的连接,而用橡胶刮耙处理接缝的突出部分非常有效,再进行扫平,使纵向接缝变得平顺,总体外观更加平整。在高速公路上,应尽量减少纵缝的搭接宽度,并尽可能将重叠的位置安排在标线处,为了保证接缝的平整,搭接宽度不宜过大,国际稀浆封层协会《微表处技术指南》规定纵向接缝宽度不应超过 76.2 mm,接缝处高出量不应大于 6 mm。

横缝是垂直于摊铺方向的缝,横缝过多过密会影响外观和平整度,因此要尽可能减少横缝的数量,横向接缝对于防止水分下渗和形成悦目的外观极为重要。首先在起点处,当摊铺箱的全宽度上都布有稀浆时,就可以低速缓慢前移,这样就可以减少箱内积料过多而产生的过厚拱起现象,并对起点进行人工找平。施工时可在起点的摊铺箱下铺垫一块油毡,当摊铺前进后,将毛毡连同上面的混合料一起拿走,这样可以保证一个非常平整的起点和良好的外观。摊铺终点的外观影响不大,因为下一车将在该终点处倒回一段距离。一般情况下,从上一车终点倒回 3～5 倍的距离即可开始下一车的摊铺,当进行到最后一车施工时,终点的处理应采取人工整平的方法,并做出一条直线。

≫ 3. 含水量的控制

某一种集料和乳化沥青,当外加水量为某一范围时,可以形成一稳定的稀浆。机械作业时的外加水量,可以采取允许范围内的中值,若加水量过少,拌和时的和易性及均匀性都受影响,甚至拌不出稀浆。有的施工单位片面地认为:加水量增大有利于拌和摊铺,而对稀浆质量并无多大影响。这是不正确的想法,加水量过多,会带来一些不利影响,容易出现破乳成型时间延长,造成流淌现象,影响混合料中的沥青含量,并产生光滑纵向条纹和大块亮斑,造成混合料中沥青分布不均匀。一般来说,集料的含水量相当于集料质量的 3%～5%,集料含水量过大不仅影响集料的容重,而且容易在集料里产生"架桥"现象,影响集料的传送;集料的含水量还将影响到封层的成型,含水量饱和的集料,其成型开放交通时间需要更长。因此集料输出量应随其含水量的不同而做相应调整。沥青乳液中含有 35%～40% 的水,外加水质量一般是干集料质量的 6%～11%。外加水量低于 6% 的稀浆混合料太稠,不便于摊铺,而外加水量高于 11% 时,稀浆混合料太稀,容易发生离析、流淌,而且可能产生集料下沉、沥青上浮现象,成型后表面一层油而下面是松散集料,与原路面黏结不牢,容易成片起皮脱落,因此慎重控制总外加水量对于保证微表处的质量非常重要。

▶▶ 4. 过大颗粒及细料凝块的控制

集料中难免会有超径的颗粒，这些颗粒有可能会卡住搅拌机，引起机械故障，更有可能卡在橡胶刮板下面，形成纵向划痕。集料受潮时会产生细料凝块，特别是对于砂当量较低的集料。这种凝块也容易造成纵向划痕，有时也可能在摊铺箱下压碎，给封层表面留下一条松散的浅色痕迹，通车后这条痕迹很容易跑散而形成一条凹槽。为避免这种现象，应将装入集料箱的集料过筛。

▶▶ 5. 摊铺箱的选择与控制

摊铺箱的种类有许多种，但其功能都是一样的，即把混合的稀浆均匀一致地摊铺在路面上。摊铺箱的种类从简单、轻便、不可调试的到装备大的螺旋、滑槽和水压装置等等，特制的摊铺箱可用来修补车辙和特殊的路面以及路幅摊铺。用哪种形式的摊铺箱常取决于封层的类型和摊铺速度。摊铺箱的清洁非常重要，每天工作结束后必须清洁摊铺箱；在每车完工的间隙内，也应该清洁摊铺箱和后面的橡胶刮板。如果在橡胶板的边缘堆积过多的凝固颗粒，会在摊铺时形成划痕。摊铺箱不应有漏浆现象，其侧面应安装橡胶板以使侧面保持整洁。摊铺箱的橡胶（或钢板）厚度应一致，这样在摊铺的封层表面就不会留下纵向不均匀的划痕式凸起的条纹，橡胶刮板的宽度、厚度和硬度应满足理想摊铺效果的需要。摊铺箱的拖动应保持平稳无振动，机器的速度应一致，不能忽快忽慢。速度过快会造成摊铺箱振动或跳动并在稀浆上产生横向的波纹。在使用拖布（常用短的粗麻布）的情况下，过快的速度会造成表面的划痕和不均匀。不同型号的摊铺箱具有不同的摊铺压力。对于某一型号正常的摊铺速度对其他型号或许就不适合了，合适的摊铺速度取决于摊铺的效果。摊铺速度也受道路等级、集料级配、稀浆稠度和原路面的影响。合适的橡胶刮板可以保证封层所需要的厚度。如果刮板材料太厚太硬，就会使混合料分离并挡住大颗粒，使其不能摊铺出去，形成划痕；如果刮板太软太薄，就会造成多层稀浆通过刮板。不同的橡胶和合成材料适合做成不用硬度的刮板，有的微表处在摊铺时甚至需要钢刮板。常用拖布来使封层表面形成理想的纹理，拖布一般由粗麻布、帆布、毛毡等绑制而成，只要能使稀浆表面形成一致的纹理即可。

▶▶ 6. 摊铺速度的掌握

微表处一个突出的优点是在摊铺过程中自动填充需要修补的路面，因此正确的摊铺速度是关键。摊铺过快会引起波纹、推移和离析,摊铺速度应根据路面的状况进行调整。在铺设较薄的封层时,摊铺速度对封层的影响更加显著。摊铺速度取决于两大因素,一是集料的级配;二是原路面的表面纹理。

▶▶▶ 7. 摊铺厚度的控制

微表处摊铺厚度的控制也是施工中的重要环节,不合理的厚度会减少微表处的寿命。在级配范围中的曲线如靠近粗的一侧,即集料中大颗粒的比例较大时,就必须铺得厚一点,否则大骨料就不能嵌入封层当中,并容易被刮板带起形成划痕。反之,级配靠近较细的一侧,即集料中细料比例较大时,就需要铺得薄一点。微表处的设计厚度为稀浆中的最大颗粒的粒径,如果强行将封层铺厚或铺薄,将造成封层稳定性差,容易出现松散、泛油和车辙等病害。现有路面的粗糙程度直接影响到稀浆的摊铺厚度,表面的孔隙越多,需要填充的材料就越多。路面孔隙的尺寸和数量受到许多因素的影响。原有的沥青混合料中集料的尺寸、集料中细料的多少、原路面摊铺时的压实度、混合料的类型以及上一次封层的粗糙度等,都会影响到摊铺厚度。遇到松散严重的沥青面层时,可铺两层微表处以形成低孔隙的紧密表层。在摊铺时,集料中最大粒径的集料应嵌入摊铺层内 75% 以上,否则摊铺太薄易形成划痕,同时摊铺箱会刮走粗料而只剩下细料和乳液,形成光面。

▶▶▶ 8. 车辙的处理

当车辙深度达到 13 mm 以上时,宜采用专用的车辙摊铺箱来填补,也可采用铺两层微表处的方法。车辙箱被设计成双室,里面装着用以调节深度的小石子,以特定角度安装好的液压螺旋输送器把混合料从填充腔的后部推向前部。螺旋输送机把较大的集料推向中间及车辙较深的部位,细料则像马蹄一样被推向两边。车辙修补时,应适当超填一些料以便车辆对其进行压实,通常建议车辙深度多填 1.2~2.4 mm。当车辙深度超过 38 mm 时,宜采用更大的集料。此外,除非原路面较干燥或吸收性较好,否则应采用最佳含油量的下限,过多的沥青用量容易导致稳定性下降。填补车辙完成后,建议至少在开放交通 24 h 后再铺第二层。

▶▶▶ 9. 碾压的细节

稀浆混合料在破乳成型后都会有若干空隙,在自然交通的反复作用下可以提供足够的压实力,使空隙自动弥合,因此也就无须压实机械碾压。但交通量不足的地方,如停车场、机场、广场及不开放交通的下封层,则必须碾压。碾压的时机很重要,一般认为,刚破乳的沥青微粒,其成膜后的性质接近于液态而非固态,此时碾压其压实效果最好。

>>> **10. 微表处的成型养护**

微表处施工完后需要一个成型养护的过程。养护时间视稀浆混合料中水的蒸发及黏结力的大小而变化,通常认为,当黏结力达到 1.2 N•m 时,稀浆混合料已经初凝;当凝聚力达到 2.0 N•m 时,稀浆混合料已达到可以开放交通的状态。影响稀浆混合料成型的因素很多,除气候、材料、机械设备等非人为因素外,乳化沥青的性能及配比是影响成型的关键因素。在稀浆混合料中,集料的性质在很大程度上影响混合料的搅拌和性能及养护时间,尤其是慢裂快凝型稀浆。一般来说,混合料可拌和时间越长,其养护时间也越长。影响乳化沥青破乳速率的主要因素是乳化剂的性能、用量、乳液的 pH 值及乳化沥青含量。和集料一样,乳化沥青颗粒越小,表面积就越大,化学性质就越活跃,其破乳成型时间可能会缩短。乳化沥青中的原沥青性能也对成型开放交通有影响,一般认为原沥青针入度越低,其开放时间越短,凝固速度越快。

四、微表处在应用中应注意的问题

第一,从国内一些高速公路微表处养护工程实践来看,发现微表处的使用效果受原路面状况影响较大,由于微表处结构层厚度薄,在路面结构体系中,只能作为表面保护层和磨耗层,而不起承重性的结构作用,对于结构性的破坏和严重的坑槽、壅包等病害必须进行有效的预处理后才能加铺封层。因此,微表处技术应定位于高速公路的预防性养护,从而真正发挥其优势特性。故微表处技术在我国高速公路的推广应用应侧重于防止路面地表水渗入、车辙发展及恢复路面服务功能等预防性养护上。

第二,微表处的设计、施工应严格按照相关的技术规程进行,同时应根据周围的气候(气温、湿度、风力)和施工设备等外部条件的变化对各材料的用量进行适当微量调整,以保证微表处的成功实施。实践证明,成功的微表处来自优质的原料、科学的设计、先进的技术规范和有经验的施工技术人员以及优良的专用设备。

第三,由于乳化沥青质量和石料质量的不理想,再加上我国地域辽阔,高速公路路面结构、气候、交通、材料等差异,使得微表处施工质量也存在差距。因此具体实施中，只能根据当地实际情况制定出相应的技术指标、施工指南，以进一步提高微表处技术的应用水平，更好地满足当地高速公路路面维修养护的要求。

第四，微表处是一种预防性养护方法，适用于路面病害不太严重的场合。在进行微表处前，应对原路面较宽的裂缝进行灌缝处理；车辙较深的路段应首先采用微表处车辙填充作业，然后再做微表处；用作车辙填充时，应首先确定路面车辙不是结构性车辙。

第五，使用搅拌箱前的喷水管将路面进行预先湿润，喷水量可根据当天施工期间的气温、湿度、表面纹理和干燥情况进行调节。

第六，封层机启动前，摊铺箱中必须有一定量的混合料，而且稠度适当，分布均匀，封层机才能匀速前进。

第七，在拌和与摊铺过程中，混合料不得出现水分过多和离析现象，任何情况下都不能在摊铺过程中直接向摊铺箱内注水。

第八，在摊铺箱不能到达的地方必须采用人工施工，通过人工用橡胶辊碾压封层达到均匀和平整。

第九，固化成型前禁止一切车辆驶入，行人不得踏入，严格管制交通。

微表处技术是以高分子改良乳化沥青为黏结材料，并且以薄层工艺为主的冷拌混合料施工技术。它可以把最优质的结合料、集料所拥有的工程特性通过一个只有 3～10 mm 的薄层集中体现在道路表面。目前微表处技术主要是用于建立和恢复道路表面功能，在正确的技术工艺条件下微表处应该成为防水、抗滑、耐磨、耐久的道路表面功能层。为了使微表处技术在高速公路养护方面表现出更加优良的功能，出现了复式微表处技术。复式微表处是细级配底层和粗粒径断级配表层的叠合，这个叠合而成的表面功能层不仅密实防水而且具有良好的抗滑性，复式微表处可以作为高速公路路面和桥面处置的一个重要工艺措施。

第二节　低噪声微表处

国内研究表明，微表处可以完成路面构造修复、裂缝密封、车辙填充等多项修复功能，比热沥青薄层罩面具有更好的封层效果，更好地防止面层水的下渗，从而更好地保护路面结构。但是在使用微表处时发现车内噪声与热拌热铺沥青路面相比明显增大，由此产生的交通噪声污染日渐严重，已严重影响车内司乘人员的行驶舒适性。如何根据交通噪声产生的机理和特点，减少交通噪声污染，将其不利影响降低到最低限度,是微表处能否广泛使用的关键。目前的研究中,主要采用级配优化、添加纤维或者橡胶等方法进行低噪声处理。

微表处路面各个凸起集料的上表面之间存在一定差距,表面密实饱满程度较差,这就造成车辆经过时轮胎碾压在大小不一的集料时产生高频低幅的振动,这是造成微表处路面噪声较大的主要原因。

一、级配优化

(一)级配的改进

筛分是最常用的获得级配和颗粒分布的方法。通常人们将筛分分析结果以级配曲线表示。

实际上,能够通过筛孔的颗粒可能有一个尺寸大于该筛筛孔尺寸,比如一个细长颗粒的长度比筛孔尺寸大得多,但它仍能顺利通过。

通过对欧洲微表处使用较成熟的国家比较发现,这些国家对微表处混合料的集料粒径筛孔尺寸的划分与我国不同,中细集料部分的划分国内外相差不大。德国和西班牙微表处级配范围,德国在 5～11 mm 之间有 8 mm 的筛孔,西班牙在 5～10 mm 之间有 6.3 mm 的筛孔。

另外欧洲其他国家在微表处级配的划分上,有 4～5 mm、5～6.3 mm、6.3～8 mm,划分更为细致。荷兰在 4～8 mm 之间有 5.6 mm 的筛孔。而我国在推广微表处时,矿料级配普遍参照国际稀浆封层协会的有关要求,集料筛孔尺寸一致,我国在 4.75～9.5 mm 之间没有任何控制,相邻筛孔尺寸差值大,达到 4.75 mm。级配中 4.75～9.5 mm 部分的颗粒粒径偏大,会造成某种意义上的间断级配,将明显影响混合料的使用效果,从施工过程中的经验可以发现,混合料中的较大粒径石料的多少是影响微表处路面表面粗糙状况的主要因素,如果这档石料差异性较大,大小不均,很容易引起车内噪声大的问题。

在 4.75～9.5 mm 之间增设一个筛孔,不仅可以更好地控制4.75～9.5 mm 这一大档石料间的含量,保证此大档集料连续不间断,还可以减少某些实际尺寸超过 9.5 mm 的针片状集料通过筛孔对混合料性能产生影响,更好地控制矿料通过率。对比传统微表处配合比级配,如果增加 7 mm 控制筛孔可以更好地控制 4.75～9.5 mm 这部分大档石料的分布,降低 7～9.5 mm 筛孔的集料含量,从而达到降低构造深度的目的。

选择 2.36 mm3.75 mm 及 7 mm 三个控制筛孔,选择这三个筛孔尺寸的矿料通过率进行正交试验设计,采用铺砂法测试件构造深度并计算理想构造深度所对应的最优水平。

(二)构造深度指标提取探讨

根据《公路工程质量检验评定标准》(JTG F80/1—2017)的规定,沥青路面竣工验收时,需检测平整度、摩擦力系数和构造深度这三个与路面构造相关的指标。其中摩擦力系数反映路面的微观构造,构造深度反映路面宏观构造的大小。路面的宏观构造检测方法有手工铺砂法、激光构造深度仪法等。

采用正交试验方法设计试验,通过试验因素和因素水平的选取测得不同级配下混合料的构造深度,试验方法采用手工铺砂法,每种级配平行试件为 3 个。试件模具尺寸为 300 mm×300 mm×10 mm,中间有一直径为 280 mm 的圆孔,试模厚度为 10 mm,保证混合料的摊铺厚度为 10 mm。按照设计级配与设计油石比下的乳化沥青、水、水泥用量准确称取并拌和,拌和时间不超过 30 s,拌和后快速将混合料倒入试模并刮平,移走模板。待试件恒重,达到强度后测量其构造深度。

$$TD = \frac{10000V}{\pi D^2/4}$$

式中,TD——构造深度,mm;

V——砂的体积,cm³;

D——砂的摊铺直径,mm。

因试件尺寸固定,构造深度较小时,砂的摊铺面积大,这时如继续按照试验规程中的 25 cm,砂进行摊铺,砂有可能超出试件尺寸,这显然不符合试验要求。因此要根据不同试件表面纹理情况用量筒称量合适体积的砂进行试验,再代入公式中求得 TD 值。

(三)暴露面积率评价方法

微表处路面的暴露面积率表征路表特征,反映了路面粗糙程度,与构造深度具有一定的相关性。路面表面特征受路面类型、使用材料、使用状况、气候条件等多种因素的影响,同时路面的表面特征对路面的抗滑性能,车辆直接、间接噪声等产生重要影响。目前,我国通常采用人工铺砂法或激光断面法获取表面构造深度。

在人工铺砂法试验的基础上利用数字图像处理的方法对微表处路面暴露面积率进行测算是可行的。首先,利用标准砂与微表处混合料颜色上的差别,进行数字图像处理;利用数码设备可以方便地采集数字图像,将图像信息导入 MAT-LAB 软件空间转换成矩阵进行计算。

▶▶ 1. 软件的选择

利用数码相机对微表处混合料试件的图像进行采集,再导入 MATLAB 软件空间转换成矩阵进行计算。MATLAB 是一种高性能的、用于数值计算和图形处理的编程软件,它把科学计算、结果可视化和编程都集中在一个使用非常方便的环境中。MATLAB 在线性代数、矩阵分析、数值及优化、信号和图像处理、建模和仿真等众多领域得到了广泛的应用。在图形功能方面,它既包括对二维和三维数据可视化、图像处理等高层次的绘画命令,也包括可以修改图形和编制完整图形界面的层次、绘图命令。

光线不均匀会产生环境误差,拍摄角度的不同会造成图像成像畸变误差。因此要求图像采集过程中,光照条件相同,数码相机固定在同一高度对试件拍照,避免拍照时相机倾斜、抖动。

▶▶ 2. MATLAB 软件图像识别实现

采用数码相机作为图像的获取设备,在采光良好的条件下,调试好拍摄高度并固定,保证同一批次试件的拍摄距离相同。拍摄手工铺砂法处理后的微表处混合料试件。将获取图片取铺砂部分的内切矩形进行分析。

二、低噪声纤维微表处

(一)低噪声加纤微表处的降噪原理

低噪声加纤微表处与传统的微表处相比,主要是通过减少轮胎与路面接触时的振动、冲击来实现的,即低噪声加纤微表处的外观更加平整、密实,宏观构造深度与传统微表处略低。

行车噪声的形成:从声学角度看,微表处表面构造深度可吸收噪声,其表面纹理可消耗噪声的能量,理论上应用一定的降噪性能。但是构造深度大了以后,包括大粒径骨料的凸起,轮胎在凹凸路面上滚动时产生振动,激发弹性振动噪声,包括轮胎花纹接触地面时产生的连续打击路面的振动噪声,这些噪声会使得车外噪声更大。

由于传统微表处存在着噪声高的问题,在高速公路上将严重影响行驶舒适性,在城市道路上铺筑将严重影响环境,影响居民的生活,制约了微表处技术在公路养护中的推广发展。

低噪声加纤微表处的降噪措施如下。

第一,合理调整集料的级配曲线,在传统微表处集料级配曲线的范围内结合原路面状况,通过合理调整关键筛孔通过率使集料的颗粒组成更加连续、均匀,以达到更加密实的效果。

第二,低噪声加纤微表处摊铺过程中并不按照某一确定的摊铺厚度进行,而是根据原路面状况和集料的级配,合理调整摊铺厚度,以使得低噪声加纤微表处罩面的实体厚度与集料的颗粒组成状态达到最佳的匹配效果。

第三,橡胶粉和纤维的加入,有效减弱了轮胎对路面的冲击,降低了轮胎的振动,使得传递到车内的噪声更低。

(二)纤维微表处试验研究

由于高速公路路面的病害长期困扰养护单位,之前已有很多学者对微表处路面进行了一些研究。通过微表处路面调研、室内试验以及加速加载试验发现:微表处混合料采用不同级配对路用性能影响较大,细级配混合料耐磨耗性能和抗水损坏能力较好,但抗车辙性能和抗滑能力较差;粗级配混合料抗滑性能和抗车辙性能较好,然而耐磨耗性能和抗水损坏能力较弱。为了弥补粗级配混合料耐磨耗性能较差的缺陷,通过在混合料中掺入适量的聚丙烯单丝纤维,提高改性乳化沥青用量,从而形成立体网状结构的复合有机水硬性材料,可有效提高混合料的耐磨耗性能。在试验路选择合适的路段铺设微表处,并在部分路段掺入聚丙烯单丝纤维。根据对试验路不同路段长期性能的检测结果,优选抗滑性能好且耐磨耗性能佳的微表处设计方法和施工工艺。

纤维微表处是在微表处混合料中掺加了适当比例的纤维,而纤维在微表处混合料中能有效地改善沥青胶体结构,形成三维分散形态,起到加筋作用,并且能使沥青、细集料等在沥青混合料中均匀分散,有效阻止胶团和泛油。

为了能够有效评价在微表处混合料中添加聚丙烯单丝纤维后的路用性能,在某高速公路试验路进行了纤维微表处的施工,纤维微表处试验路为 600 m。由于纤维微表处主要用于重交通高速公路微表处罩面或车辙填补,因此集料级配采用研究提出的重交通高速公路微表处级配范围。

纤维在混合料中的分散情况直接影响纤维微表处混合料的性能。如果分散不均匀,纤维在混合料中结团导致纤维吸收较多的沥青,将会使混合料中的沥青分散不均匀,从而影响混合料的路用耐久性性能,因此选择长度为 6 mm 的聚丙烯单丝纤维与集料进行干拌,但结果不是很理想,有结团现象。为了使纤维更好地均匀分散在集料中,将纤维先与 0～3 mm 集料进行预拌和处理,然后再与其他集料进行拌和,拌和时间应适当延长。根据已有研究成果,纤维微表处聚丙烯纤维的掺量宜为 0.1%～0.3%。掺量的选择取决于高速公路的交通量和集料的级配。根据试验路的实际情况,本试验路聚丙烯单丝纤维的掺量取 0.2%。

纤维微表处室内试验结果表明:纤维微表处的各项指标满足《微表处和稀浆封层技术指南》的技术指标,而且由于聚丙烯纤维的比表面积小,乳化沥青过小会导致耐磨性能较差。乳化沥青用量越大,纤维微表处混合料的磨耗值越小。由于集料的级配偏粗和聚丙烯纤维的加筋效应,混合料的黏附砂量和宽度变形率较小,适用于微表处的车辙填补。

第三节　胶粉干法微表处

微表处技术是以聚合物改性乳化沥青为黏结料的冷拌混凝土薄层施工技术,该技术施工快捷,能大大缩短开放交通时间,且节约能源,整体造价低,已成为公路养护中的一种重要技术手段。目前,微表处在高速公路预防性养护以及车辙填补中得到广泛应用,但从一些实体工程来看,普通微表处路面存在抗变形、抗磨耗、抗疲劳开裂能力不足及行车噪声大的缺点,所以,如何改善和提高微表处路用性能已成为当前研究的一个热点。随着技术发展和新材料的出现,废旧橡胶粉改性微表处技术成为解决上述问题的可行技术之一。该技术可以明显改善混合料的柔韧性和水稳性,提高路面抗车辙能力,降低噪声,且符合我国资源再利用,建设节约型社会的政策背景,具有良好的发展潜力。

一、原材料选择与级配设计

(一)集料

试验所用矿料均为玄武岩集料,规格为 3～8 mm 和 0～3 mm。其主要技术指标见表 5-1。

表 5-1 集料技术指标及试验结果

试验项目	压碎值/%	磨耗值/%	磨光值/%	坚固性/%
技术要求	<26	<28	242	<12
试验结果	14.5	16.1	46	5

(二)乳化沥青

采用山东华瑞生产的 SBR 改性乳化沥青,其技术指标符合 JTG F40—2004 规定的 BCR 改性乳化沥青技术要求,结果见表 5-2。

表 5-2 SBR 改性孰化沥青主要技术指标

试验项目	试验结果
破乳速度	慢裂
粒子电荷	阳离子
筛上残留物(1.18 mm)/%	0
沥青标准黏度(C25,3)/s	33
蒸发残留物含量/%	65
针入度(100g,25 0.5 s)	94
延度(5℃)/cm	78
软化点/t	55
溶解度(三氯乙烯)/%	98.1
贮存稳定性 1d/%	0.7

(三)橡胶粉及外掺剂

试验选用 60 目(0.250 mm)废旧轮胎橡胶粉(青岛绿叶),掺量分别为 2%、3% 和 4%。采用 32.5 级普通硅酸盐水泥,水泥用量为 1%;根据拌和试验,选择用水量为合成矿料质量的 7%~8%。

(四)级配设计

混合料级配设计按照 ISSA(国际稀浆封层协会)的设计方法进行,采用 MS-DI 型微表处进行混合料配合比设计,根据各单料筛分结果以及混合料级配多次调试,选取粗、中、细三种级配组成见表5－3,合成级配曲线如图5－1所示。

表5－3　三种矿料级配(MS－M)组成

级配	玄武岩3~8	玄武岩0~3	矿粉
细	34	60	6
中	42	53	5
粗	52	43	5

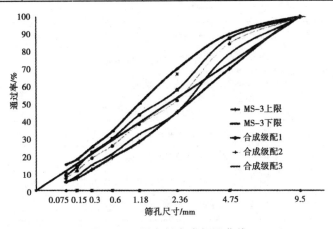

图5－1　混合料合成级配曲线

二、正交试验设计与结果

胶粉干法微表处性能的影响因素繁多,不同因素不同水平下的影响作用复杂。本书采用正交试验的方法,选取黏聚力、变形率和粘砂量为主要评价指标,对不同影响因素进行分析,优化配比组合,以期达到优化胶粉干法微表处性能的目的。影响因素选取胶粉掺量、油石比、级配类型为主要影响因素,因素水平见表5－4。

表5－4　正交试验因素水平表

水平	因素		
	A(胶粉)	B(油石比)	C(级配)
1	2%	10%	细
2	3%	11%	粗
3	4%	12%	中

按照行业标准《工艺参数优化方法正交测验法》(JB/T 7510—1994)的规定,计算对应因素下3个水平条件的试验数据平均值,及同因素各水平下结果的最大值和最小值之差(极差),进行试验结果的极差分析。分析结果见表5－5和表5－6。

表 5－5　正交试验方案与试验结果

试验号	影响因素			评价指标		
	A（胶粉）	B（油石比）	C（级配）	轮辙变形率/%	60min黏聚力/（N·m）	粘砂量/（g/m²）
1	2%	10%	细	6.9（颜色发黄,轻微开裂）	2.45	134.95
2	2%	11%	粗	3.27（稀浆离析,成型困难,变形较小）	1.8	263.16
3	2%	12%	中	3.59（轻微离析,较难成型）	2.02	199.41
4	3%	10%	粗	3.1（变形较小,易离析）	2.2	199.41
5	3%	11%	中	11.78（端部松散开裂较严重）	1.6	95
6	3%	12%	细	3.59（状态同4#,车辙较4#深）	1.52	223.13
7	4%	10%	中	14.05（边缘严重开裂松散）	1.55	45.6
8	4%	11%	细	6.86（端部开裂松散,集料剥落）	1.53	100.5
9	4%	12%	粗	4.9（集料被粘起导致坑槽出现）	1.5	460.32

注:规范中没有明确规定轮辙试件变形量的测量方法,本试验测量多个点(每个试件平均取5个点)然后求平均数得到轮辙变形量。

表 5－6　正交试验结果极差分析

评价指标	因素	分析指标			
		均值1	均值2	均值3	极差 R
黏聚力	A（胶粉）	2.09	1.773	1.527	0.563
	B（油石比）	2.067	1.643	1.68	0.424
	C（级配）	1.833	1.833	1.723	0.11
变形量	A（胶粉）	4.587	6.157	8.63	4.016
	B（油石比）	8.017	7.303	4.027	3.99
	C（级配）	5.783	3.757	9.807	6.05
粘砂量	A（胶粉）	199.173	172.513	202.033	29.52
	B（油石比）	126.653	152.887	294.18	167.527
	C（级配）	152.86	307.523	113.337	194.186

由表5－5和表5－6可以看出:①对于黏聚力,各因素的影响顺序为:A(胶粉)＞B(油石比)＞C(级配);②对于变形量,各因素的影响顺序为:C(级配)＞B(油石比)＞A(胶粉);③对于粘砂量,各因素的影响顺序为:C(级配)＞B(油石比)＞A(胶粉)。因此,对胶粉干法微表处性能而言,胶粉掺量对黏聚力的影响作用

最为明显;级配类型对混合料的变形量影响最大;而对于粘砂量而言,级配类型与油石比的影响均远大于胶粉的影响。

黏聚力与变形量相应的最优配比分别为 $A_1B_1C_1$、$A_1B_3C_2$。由正交试验结果可看出,粗级配混合料成型过程中易出现稀浆离析现象,应尽量避免粗级配;C级配因素在水平 2 和 1 时变形率较接近,因此,变形量的最优配比组合可认为是 A_1B_3、C_1。对于粘砂量,各因素水平对应的值基本满足技术要求,但粘砂量不宜过大或过小,结合表 5-6 中试件状态以及直观分析结果,可认为粘砂量的最优配比为 $A_1B_2C_1$。

三、胶粉干法微表处与普通微表处对比

(一)拌和试验和黏聚力试验

橡胶粉干法微表处与普通微表处的可拌和时间与黏聚力均能满足技术要求,这说明掺加橡胶粉对初凝时间及开放交通时间的影响很小,可以满足快速开放交通的基本条件。

(二)负荷轮碾及湿轮磨耗试验

与普通微表处相比,胶粉干法微表处的变形量和湿轮磨耗值降低,普通微表处样品一般在 500～600 次碾压次数下即发生显著的变形,表面颗粒凸凹不平,这说明橡胶颗粒的加入可以改善微表处混合料的结合强度和抗变形能力;同时,橡胶粉的加入还能提高混合料的柔韧性,大大降低噪声,这在实验过程中体现比较明显。

可以说,胶粉干法微表处具备优良的抗变形能力,能够降低未来罩面的摩擦噪声;在填补车辙或某些功能罩面上具有良好的应用优势。

四、胶粉干法微表处技术影响因素

室内试验研究表明,胶粉干法微表处能表现出良好的路用性能,但胶粉、油石比等因素在不同水平下对其性能的影响是比较复杂的,下面结合正交试验的方差分析结果进一步探讨各因素在胶粉干法微表处中的影响。

(一)胶粉的影响

由各因素的影响因子 F 比可知,胶粉对黏聚力的影响是最大的,油石比次之,

级配最小,这与极差分析的结果也是相吻合的。有研究认为,胶粉掺量应控制在3%以下,太大会延长路面快速开放交通时间,降低混合料抗变形能力。

(二)油石比的影响

油石比是影响粘砂量的重要因素,油石比越大,粘砂量也越大,这与已有的研究结论是一致的。胶粉的加入会在一定程度上增加沥青的用量,因此,不同的胶粉掺量应该对应不同的油石比,以期形成高油石比的微表处混合料,来满足路面耐久性能的要求。按照试验结果来看,每增加1%的胶粉量,油石比需增加0.5~1。

(三)级配的影响

级配对试件变形量以及粘砂量的影响较明显,对粘聚力的影响较小,这也吻合了极差分析的结果。粗级配混合料的粘砂量最大,而细级配与中值级配的粘砂量较小。级配愈粗,粘砂量呈上升的趋势。分析认为,粗级配混合料的比表面积较小,只需要很少的沥青用量即可在矿料表面形成较厚的油膜,而细级配中粉料最多,矿料的比表面积大,在相同的沥青用量情况下形成的沥青膜厚度相对较小,粘砂量也就较小。

虽然粗级配混合料产生的变形量最小,但试验过程中易稀浆离析且轮碾噪声较大,因此,应避免使用粗级配微表处混合料。研究认为胶粉干法微表处混合料选择细级配可以获得良好的性能,而且产生的噪声也较小,粗细两种级配微表处混合料经过1 000次轮碾试验后的样品对比。

(四)矿粉的影响

不同的矿粉对沥青胶浆的性能有着明显的影响,因而在实际工程中,选择适宜的矿粉十分重要,它能有效地改善胶浆的性能及混合料的使用品质。亚甲蓝试验是确定细集料、细粉、矿粉中是否存在膨胀性黏土矿物并确定其含量的整体指标。研究选取4种不同的矿粉进行亚甲蓝值(MBV)测试,探讨不同种类的矿粉对黏聚力的影响。

橡胶粉的加入可以提高微表处混合料的抗变形能力,增加路面的弹性,大大降低噪声,在填补车辙或某些功能罩面上应有良好的应用优势。

另外,在橡胶粉干法微表处混合料的室内研究中,还可以按照热拌沥青混合料试件成型方法,进行路用性能评价。

第四节　纤维同步碎石封层

纤维碎石封层技术是指采用纤维封层设备在路面上同步洒（撒）布两层聚合物改性乳化沥青和玻璃纤维后，再撒布碎石，然后通过碾压成型，形成新的磨耗层或应力吸收中间层的一种新的道路施工和养护技术。

一、纤维沥青碎石封层施工工艺

随着对预防性养护观念的不断深入，纤维沥青碎石封层因其可以迅速恢复路面的使用性能，得到越来越多的重视。在法国赛格玛公司相关技术人员的协助下，辽宁营口在中国首次进行了纤维沥青碎石封层施工；纤维沥青碎石封层在浙江省进行了施工应用，效果较好，各项指标均满足要求。

通过辽宁、浙江以及山东等省市试验段及实际应用效果发现，该技术对路面所发生的早期病害，特别是网裂等病害有很好的治愈和预防作用，这项预防性养护新技术集目前养护技术的优点于一身，克服了现有养护技术的不足和缺憾，采用纤维封层养护的路面各项路用性能大幅度提高，有效地延长沥青路面的使用寿命，减少了寿命周期的养护费用。目前，国内对纤维沥青碎石封层的研究和应用取得了一定的成果。

大连理工大学叶尖等通过对纤维沥青碎石封层室内试验试件成型的研究，提出了纤维沥青碎石封层试件成型方法，包括胶垫厚度、初压次数、复压次数、养生温度等条件。

长安大学陈晓娟等根据断裂力学理论，通过 ANSYS 有限元软件，建立了纤维沥青碎石封层路面结构计算模型，分析了纤维沥青碎石封层抗裂机理，计算了不同轴载、路面强度、裂缝宽度状况下的应力强度因子，建立了纤维沥青碎石封层的使用寿命模型。

长安大学杨昆等从复合材料角度出发，利用细观力学对纤维沥青碎石封层进行模量预估，并且运用 ANSYS 有限元软件模拟纤维拉拔试验，研究纤维/沥青界面力学性能。

长安大学郭寅川等结合纤维沥青碎石封层使用的实际情况，开发了多功能沥青混合料动态渗水试验仪以及沥青路面材料动水压力冲刷试验仪，并进行了纤维沥青碎石封层动水压力下的防水性能研究。

纤维沥青碎石封层施工工艺的一个主要特点就是同步施工,要求各道工序必须连续。经过大量的理论分析及试验研究,结合不同纤维沥青碎石封层施工过程中出现的问题,总结提出了施工注意事项及关键技术。

(一)施工对于自然环境的要求

基于前期对于路况调查,选择合适的路段进行预防性养护,分析了自然环境对于纤维沥青碎石封层的影响,在施工过程中应当选择合适的时机进行预防性养护,才能提高纤维沥青碎石封层的耐久性。

由于纤维沥青碎石封层使用的沥青结合料是改性乳化沥青,属于液体状态,因此允许在潮湿的环境中施工,但是在雨天施工,雨水会对纤维沥青碎石封层造成冲刷,易形成改性乳化沥青流淌,造成局部的病害,而且雨天施工延缓了改性乳化沥青的破乳速度,强度形成时间延长,养护时间增长。因此纤维沥青碎石封层的施工应当尽量避免雨天环境。

温度对纤维沥青碎石封层的施工影响较大,过低的温度容易造成纤维沥青碎石封层强度形成不足,根据施工经验,在温度大于 10℃时,且温度呈上升趋势时,纤维沥青碎石封层可以施工。

(二)施工工艺对路用性能的影响

纤维沥青碎石封层使用的是纤维沥青撒布车同时进行两层改性乳化沥青和一层纤维的喷洒,然后碎石撒布车均匀撒布碎石,经过碾压成型,各道工序连续性很强,施工工艺对纤维沥青碎石封层的使用性能影响很大。

纤维沥青碎石封层施工工艺对于路用性能的影响主要体现在以下几个方面。

第一,纤维沥青碎石封层是在原路面基础上加铺的磨耗层,施工前对原路面的处理要做到尽可能完善。一方面,纤维沥青碎石封层不能提高原路面的强度,原路面的坑槽、拥包、沉陷、推移、车辙及裂缝等病害如果不及时处理,在荷载的作用下会造成纤维沥青碎石封层过早的出现病害;另一方面,原路面施工前如果不清扫干净,会造成局部纤维沥青碎石封层黏结性能不好,造成脱皮现象。

第二,纤维沥青碎石封层喷洒沥青纤维、撒布碎石、碾压成型是同步进行的,施工组织控制包括撒布车的调试、现场交通的控制以及原材料的抽检等,对于纤维沥青封层的路用性能也有一定的影响。

二、施工过程质量控制

(一)施工准备工作

纤维沥青碎石封层施工前必须做好以下准备工作。

▶▶ 1.原路面的清扫

原路面的清扫可以采用人工清扫、机械清扫或水冲等方法,事先将路面上的泥土、脏物、松散粒料、杂草、油污以及任何其他有碍施工的物质加以清除。原路面上不需要的交通标线、油漆标志应用小型铣刨机清除。

▶▶ 2.原材料性能检验

施工前应当对原材料进行质量检测,确保符合相关技术要求。必须保证碎石洁净,检查改性乳化沥青温度。改性乳化沥青撒布温度宜控制在 $50\sim70℃$,以满足喷洒的要求。

▶▶ 3.施工机械的调试

施工现场应对赛格玛纤维沥青碎石封层设备、$10m^3$ 以上碎石撒布车、10 t 胶轮压路机,以及路面清扫工具进行检查调试,确保原材料能够顺利撒布施工。

(二)施工过程质量控制

通过试验路的铺筑,结合相关技术工艺,总结经验,提出纤维沥青碎石封层施工工艺流程。

▶▶ 1.连接处处理

安排纤维沥青撒布车、碎石撒布车和胶轮压路机保持合理车距,在预养护路段的起始处铺上牛毛毡,以免造成对原路面的污染,并且进行初步预喷洒。

▶▶ 2.纤维沥青的撒布

纤维沥青封层设备可同时进行两层沥青及一层纤维喷洒施工,保证喷洒设备通畅,撒布均匀,避免撒布量过大或过小;在横向搭接处应调整好宽度,避免搭接处喷洒过多或漏洒现象;确定沥青撒布宽度,保持一定车速,避免急停和转弯,以免造成撒布不均匀,纤维沥青撒布车的车速控制在 3~4.5 km/h,最佳车速为 3.6 km/h。

▶▶▶ 3. 碎石的撒布

保持碎石撒布车与纤维沥青撒布车之间的距离,碎石撒布车紧跟在纤维沥青洒布车 20~40 m 倒车进行碎石撒布,施工人员应当及时观察撒布效果,并且及时去除粒径较大碎石;对撒布不到位的区域应及时处理,确保撒布均匀,过厚或过薄区域进行人工找平,所有这些工作应尽量在最短时间内完成。

▶▶▶ 4. 碾压阶段

撒布一段碎石后,应立即用胶轮压路机跟进碾压,一般碾压 2~3 遍,碾压速度应与纤维沥青撒布速度及碎石撒布速度相协调,碾压初始速度不宜超过 2 km/h,以后可适当增加。经稳压后的碎石颗粒侵入沥青深度为粒径的 1/2~2/3 为宜。搭接处暂留 5~10 cm 宽度减少碎石撒布量,沿预留边缘再撒布少量碎石,两次碎石撒布量应与路面整体碎石撒布量相同。

(三)施工后现场处置

施工碾压完成后,需要限制交通对纤维沥青碎石封层进行养护,这是因为改性乳化沥青完全破乳到强度形成一般需要 3~5 h。开放交通后首先限制车速在 20~30 km/h,设立标志或派人监管,尽量避免车辆出现急刹车现象;对于一些散落在路边的骨料应及时清除,避免影响行车安全。

三、施工质量检测及评价

纤维沥青碎石封层施工后,经过行车荷载的作用,强度逐渐形成,可作为路表面磨耗层。通过外观检测施工质量,对于出现问题进行局部处理。纤维沥青碎石封层能够恢复原路面的抗滑性能和防水性能,因此需要进行相应的质量检测。

(一)外观质量检测

纤维沥青碎石封层经过一定时间的养护后开放交通,后期在荷载作用下逐渐达到稳定。开放交通后,由于强度未达到最佳状态,应当限速行驶,但是急刹车现象会造成层间的剪切力急剧增大,造成表面封层的搓起,如有此类问题应当及时修补。

纤维沥青碎石封层外观质量检测还应当观察封层外观连续、表面平整、均匀、无划痕,碎石撒布均匀、密实、无松散现象,由于纤维沥青碎石封层对原路面平整度改善不大,因此对平整度检测暂不提要求。

(二)构造深度质量检测

纤维沥青碎石封层的构造深度测试采用《公路路基路面现场测试规程》(JTG 3450－2019)中的铺砂法(T0971－2019),路面表面构造深度测定结果按下式计算:

$$TD = \frac{1000V}{\pi D^2/4}$$

式中,TD——路面表面构造深度,mm;

V——砂的体积,取 25 cm³;

D——摊平砂的平均直径,mm。

注意:每处均取 3 次测定结果的平均值,准确至 0.1 mm。

按《公路路基路面现场测试规程》(JTG 3450－2019)的方法计算每一个评定区间路面构造深度的平均值、标准差、变异系数,构造深度检测试验。

(三)渗水系数质量检测

纤维沥青碎石封层现场渗水系数试验与 JTG3450－2019 中沥青路面渗水试验方法(T0971－2019)相同。

纤维沥青碎石封层路面的渗水系数计算时以水面从 500 mL 下降至 100 mL 所需的时间为标准,若渗水时间过长,亦可采用 3 min 通过的水量计算:

$$C_w = \frac{V_2 - V_1}{t_2 - t_1} \times 60$$

式中,C_w——路面渗水系数,mL/s;

V_1——第一次读数时的水量,mL(通常为 100 mL);

V_2——第二次读数时的水量,mL(通常为 500 mL);

t_1——第一次读数时的时间,s;

t_2——第二次读数时的时间,s。

根据纤维沥青碎石封层的研究,以及对实体工程的检测评定,原路面的防水性能能够得到有效的改善,提出了新建纤维沥青碎石封层防水性能要求,即渗水系数≤0.21 mL/s。

(四)施工质量评价

纤维沥青碎石封层施工后,对全段各项路用性能指标进行抽样检测。试验段的纤维沥青碎石封层施工完成后,外观检测连续、无划痕,路面渗水系数和表面构造深度各项指标值均能满足使用要求。

第五节 岩沥青微表处

微表处具有密实度高、黏附力强、抗滑性能卓越的路用性能,同时还是一层很好的隔水层,可应用于旧沥青路面、水泥混凝土路面和桥面铺装的维修养护,可将原有路面上的龟裂、网裂等路面早期病害进行有效修复,从而延长路面的使用寿命。长期的应用实践证明,微表处工艺对季节温差较大地区的施工适宜性也较强。微表处混合料在常温施工环境下进行拌和、摊铺,并且微表处工程成本仅占沥青混凝土罩面的1/3左右,具有施工快捷、环境友好、经济效益明显等技术优势。随着道路工程科学领域对微表处研究的逐渐深入,发现通过合理添加外掺剂可以使微表处早期强度和耐久性提高,从而更好地满足大交通量和重载交通的要求。

为了改善微表处的长期使用效果,将岩沥青加入微表处混合料中,研究其合理掺量和技术性能并通过敖银线24 km实体工程进行了验证。结果表明这种新型微表处与普通微表处相比,具有更好的耐磨性和抗剥落性能,施工封闭时间缩短、路面强度增加、噪声降低明显。

一、原材料的技术要求

(一)改性乳化沥青

微表处选用的改性乳化沥青应满足"慢裂快凝"的要求,保证混合料具有足够的可拌和时间,而且还要满足尽快成型、开放交通的要求。

(二)集料

微表处采用集料的最大粒径和砂当量对现场摊铺效果影响很大。若集料的最大粒径过大,在施工过程中会出现划痕、坑凹、离析等现象。若集料砂当量太小,洁净度不够,则会导致乳化沥青的破乳速度过快,从而出现不均匀的结团现象,也会造成路面的划痕、坑凹、离析,所以集料选择应非常严格。研究采用0~5 mm、5~10 mm两档集料,所采用的集料满足规范要求。

(三)填料

水泥作为微表处的活性填料,主要作用是调整微表处混合料的成浆状态和成型速度等。水泥应干燥、疏松、无结团。

(四)岩沥青添加剂

岩沥青具有很强的浸润性和对自由氧化基的高抵抗性,因此具有良好的抗剥落性能,并且岩沥青中沥青质含量高达4%,可以改善沥青黏结料的黏结性能。微表处混合料加入岩沥青后,乳化沥青破乳残留物中沥青分子的排列方式及网状结构的结点和强度得以强化,增强了微表处混合料的黏聚力,使其抗流动性、抗氧化性以及黏附性和感温性能获得明显改善。

(五)水

微表处用水采用饮用水。

二、微表处混合料级配设计

沥青用量是微表处设计的重要指标。如果微表处油石比过小则石料不能均匀拌和,路面不易成型.通车后易造成路面松散等病害。微表处油石比过大则不但增加成本还易造成泛油、拥包、车辙。微表处矿料级配采用MS-3型,其掺配比例为(0~4.75)mm:(4.75~9.5)mm=75:25。

三、掺加岩沥青微表处施工工艺及其使用效果

为了验证微表处加入岩沥青的使用效果,铺筑了24 km试验路。该路段交通

量为 2 000 辆/d 以上,在对原路面大量的裂缝、麻面和部分松散、坑槽、啃边、沉陷、泛油、车辙等病害进行治理后,铺筑了岩沥青微表处,厚度控制在 10 mm 左右,并在试验路前后铺筑了普通乳化沥青微表处作为比较。

原路面铺筑岩沥青微表处后路况良好,现场试验测试摆值58.5 BPN,大于50 BPN,构造深度为 0.78 mm,渗水系数结果为不渗水,原路面噪声为 55 dB(A),普通微表处为 59 dB(A),掺加岩沥青微表处为 57 dB(A)。微表处路面各个凸起集料的上表面之间存在高低不平现象,表面密实饱满度差,这就造成车辆经过时轮胎碾压在铺好的路面产生高频低幅的振动,造成微表处路面噪声较大。加入岩沥青可使路面密实、孔隙率小,最大限度地减少高频低幅的振动,从而达到降噪的效果。

普通微表处单价为 13.4 元/m³,掺加岩沥青微表处单价为 13.6 元/m³,单价稍贵。

在同等气温条件下,加岩沥青微表处比普通沥青微表处早开放交通 20～30 min。经过一段时间开放交通和雨季作用后,普通微表处层比较段已出现部分反射裂缝和石子脱落,而加入岩沥青乳化沥青微表处试验路段仍然保持完好。

第六章　就地热再生技术

第一节　技术概要

一、定义

《公路沥青路面再生技术规范》(JTG JTG/T 5521—2019)规定:就地热再生,是采用专用的就地热再生设备,对沥青路面进行加热、铣刨,就地掺入一定数量的新沥青、新沥青混合料、再生剂等,经热态拌和、摊铺、碾压等工序,一次性实现对表面一定深度范围内的旧沥青混凝土路面再生的技术。它可以分为复拌再生和加铺再生两种方式。

(一)复拌再生

复拌型热再生可不掺加任何外掺剂,这种类型的再生在国外通常被称为表层再生。其一般用于刚通车不久而有施工缺陷的路面,也可用于通车稍久但沥青老化不严重且路面没有车辙的路面。掺加外掺剂的复拌型热再生适用范围较大,所掺加的新沥青混合料比例一般控制在 30% 以内。再生后路面高程变化不大,一般不影响桥梁净空。复拌型热再生可改善旧路面沥青混合料的矿料级配,但改善幅度可能有限。

(二)加铺再生

将旧沥青路面加热、铣刨,就地掺加一定数量的新沥青混合料、再生剂,拌和形成再生沥青混合料,利用再生复拌机的第一熨平板摊铺再生沥青混合料,利用再生复拌机的第二熨平板同时将新沥青混合料摊铺于再生混合料之上,两层一起压实成型。

加铺型热再生适用范围较大。由于新沥青混合料摊铺于未压实的再生混合料之上,所以其较传统摊铺工艺铺得薄,可降低工程造价;新沥青混合料也可以铺得厚,以达到旧路面补强的目的。根据所使用的再生复拌机的不同,加铺型热再生一般不改变旧路面沥青混合料的矿料级配,也可有限改变旧路面沥青混合料的矿料级配。

二、施工设备与工艺

就地热再生对设备的依赖程度很高。施工机械的组成主要包括加热机、再生复拌机等。

(一)加热机

路面加热机主要用于旧沥青路面的加热,为间接加热型的施工机械。路面加热机由燃烧装置(燃烧器)、传热装置、燃料罐、液压装置、发动机、行走装置等组成。有些路面加热机还配备了铁刨翻松装置。路面加热机的加热方式可分为以液化石油气为燃料的红外线辐射方式、以柴油或煤油为燃料的热风循环方式和红外线热风并用方式三种。

(二)再生复拌机

再生复拌机的主要功能是加热路面、翻松路面、添加再生剂和新材料、混合料搅拌与摊铺,是再生机组中的核心设备。再生复拌机主要由新料接受料斗、供料系统、翻松装置、搅拌装置、再生剂喷洒装置、熨平装置、辅助加热装置、行走装置等组成。

▶▶ 1. 新沥青混合料供给装置

新沥青混合料供给装置具有与常规沥青混凝土摊铺机相同的料斗、刮板给料器等相同的装置。

▶▶ 2. 翻松装置

翻松装置具有确保翻松深度、翻松宽度、翻松面的平整度及与再生混合料的接合面粗糙的功能。翻松装置可分为齿耙式与转子式。

齿耙式翻松装置在宽度方向上以一定的间隔设置多个特种钢制钢齿,呈雁行状排列。钢齿插入路面一定的深度,由机体牵引翻松路面。转子式翻松装置是在钢制的滚筒外周以一定的间隔安装特种钢制刀头,转子旋转翻松路面。根据转子的旋转方向不同,其又分为正切式和反切式。转子式翻松装置的驱动源一般采用液压方式。翻松装置的深度调节一般采用液压油缸升降。

现在的热再生机由于以下的原因多采用转子式翻松装置:

第一,转子式翻松装置牵引阻力比齿耙式翻松装置小;

第二,翻松面的平整度好,可确保转子端部平整;

第三,转子上的钢制刀头呈螺旋排列,可收集翻松的旧沥青混合料;

第四,转子在翻松旧沥青混合料时可完成再生剂的第一次拌和。

再生复拌机的翻松装置可采用液压缸伸缩装置进行宽度调节,以满足路面宽度变化的需要,其一般分为三段式或两段式结构。对于翻松深度,有的再生复拌机采用人工调节,有的装有自动深度调节装置。

▶▶ 3. 搅拌装置

搅拌装置用于搅拌旧料与再生剂及新沥青混合料。由翻松装置翻松的旧沥青混合料被集中在机器中间供给搅拌装置。新沥青混合料由自卸车卸入机器前端的料斗内,通过刮板给料器输送到搅拌装置。搅拌装置的搅拌方式一般为连续式。

▶▶ 4. 摊铺装置

摊铺装置包括再生沥青混合料摊铺装置和新沥青混合料摊铺装置。

再生沥青混合料摊铺装置一般为再生复拌机的第一摊铺装置,旧沥青混合料经搅拌装置搅拌再生后由第一摊铺装置摊铺。第一摊铺装置有刮板式与熨平板式两种。这两种形式分为两段式或三段式,可根据需要伸缩调节施工宽度。摊铺装置能上下移动调节摊铺厚度。另外,有的刮板式带有振捣、压实装置。

新沥青混合料摊铺装置一般为再生复拌机的第二摊铺装置。加铺型再生施工时,该摊铺装置摊铺新沥青混合料;复拌型再生施工时,可不让第一摊铺装置工作(也可让第一摊铺装置工作),直接由第二摊铺装置摊铺再生沥青混合料。第二摊铺装置是进行最终摊铺的装置,一般与常规沥青混凝土摊铺机的摊铺装置完全相同。

▶▶ 5. 再生剂供给喷洒装置

再生剂供给喷洒装置由罐、泵、配管、喷嘴及加热装置组成,可用控制装置控制再生剂按设计用量自动洒布。有的再生复拌机的再生剂供给装置没有加热装置,在设备选型时应慎重选用。

▶▶▶ 6. 行走装置

行走装置的形式与沥青混凝土摊铺机一样,大致分为轮胎式和履带式。再生复拌机大多采用轮胎式行走装置;有的既配有轮胎又配有履带,设备转移时用轮胎,施工时用履带。轮胎式行走装置前后轮均大多为单轴,也有采用前轮单轴、后轮双轴的;通常除后轮(两轴)驱动外,也有采用四轮驱动的,以增加牵引力。轮胎基本上都是充气轮胎,也有一部分采用实心轮胎,或气压型半实心轮胎。

驱动方式大部分机种采用液压驱动,提高低速行驶稳定性,以便能获得良好的施工质量。转向方式基本上是前轮动力转向,有的大型机为了提高转向性也有采用前、后轮同时动力转向的。

三、适用条件

沥青路面就地热再生是一种沥青路面预防性养护技术,可以修复的路面病害有限,且再生不会对路面结构强度起到明显改善作用。

(一)路面结构与病害角度的考量

第一,旧路面的整体强度必须满足要求。就地热再生对路面结构强度基本没有贡献,而且其路用效果和寿命受到原路面结构强度的影响显著。因此,原路面应该有充足的结构强度。通常情况下,就地热再生路面的路面结构强度指数 PSSI 应不低于 90,即 PSSI 为"优"。

第二,旧路面病害应位于表层,通过再生施工可得到有效修复,而且旧路面表层沥青混合料经再生可达到预定的质量要求。就地热再生是一种沥青路面预防性养护技术,处治的深度一般只有为 20～50 mm,不涉及路面较深层次的病害。

第三,原路面不存在大量不规则的局部挖补。否则,就地热再生混合料的不均匀性会难以控制。

第四,原路面排水系统完善。

(二)材料角度的考量

第一,原路面材料性能基本满足要求,级配等无须做较大幅度调整。由于就地热再生混合料能够添加的新材料十分有限,混合料的级配、沥青指标的调整幅度十分有限,当原路面混合料指标较差时,就地热再生后的混合料性能往往难以满足使用要求。

第二,旧路面材料老化程度相对较轻。单从旧路面沥青老化角度来说,旧路面表层沥青针入度下降到 35(0.1 mm)左右应考虑再生。通过只掺加再生剂或新沥青恢复沥青技术指标的路面,旧路面沥青针入度下限一般为 25(0.1 mm)左右;通过同时掺加再生剂和新沥青恢复沥青技术指标的路面,旧路面沥青针入度下限一般为 20(0.1 mm)左右。旧路面沥青老化过于严重时,难以通过就地热再生恢复其性能。

(三)施工工艺角度的考量

从施工工艺角度讲,保证对路面的有效加热是提高就地热再生工程质量的关键因素之一。影响路面加热效果的主要因素如下。

第一,原路面材料因素:原路面的空隙率、原路面的油石比等。

第二,原路面结构因素:层间黏结情况等。

第三,环境因素:包括环境温度,风力、风向,旧路面内部含水率等。

第四,设备因素:加热器的温度、发热量等。

第五,工艺因素:再生机组各设备之间的间距等。

第二节　沥青的老化、再生与再生剂

一、沥青的老化与再生

按照四组分分析方法,沥青是由沥青质、胶质、芳香分、饱和分组成。沥青在自然因素(热、氧、光和水)的作用下,会产生"不可逆"的化学变化,导致路用性能的劣化,通常称之为"老化"。沥青的老化机理主要表现为组分迁移,即其组分逐渐发生变化,总的趋势是小分子量的化合物向大分子量的化合物转化,高活性、高能级的组分向低活性、低能级的组分转移。沥青老化后,其物理—力学性质变化,表现为针入度减小,延度降低,软化点升高,绝对黏度提高,脆点降低等。沥青老化是沥青材料在环境作用下发生的化学变化,具有不可逆特性。

沥青再生是沥青老化的逆过程。沥青的老化其实就是沥青中的化学组分含量比值失去平衡,而使沥青的胶体结构产生变化,造成沥青路用性能的衰降。为了使沥青性能得以恢复,我们要调节沥青的化学组分及其比例,而使其重新达到平衡。

根据调和沥青的原理,沥青的再生就是在老化沥青中加入某种组分的低黏度油料(即再生剂),或者加入适当稠度的材料(新沥青)进行调配,使调配后的再生沥青具有适合的黏度和所需要的路用性质,以满足路用要求。从这个意义上讲,再生沥青实际上也是一种调和沥青。沥青的老化表现在组分上主要是芳香分含量的减少和沥青质的增多。根据调和理论,所使用的再生剂应富含芳香分组分。

由于再生剂与旧沥青的四组分含量不同,当旧沥青中加入再生剂时,存在着旧沥青与再生剂之间化学组分的重新分配,从而改善沥青四组分之间的配伍关系,使其匹配得更合理,形成稳定的胶体结构,从而改变沥青的流变性能,使沥青性能达到质量指标要求。由于沥青生成条件的复杂性,即使同类组分,亦因油源不同,表现出的性质特征也不尽相同,最终则反映在沥青的性能和胶体结构上出现差别。一般认为,沥青质是液态组分的增稠剂,胶质对改善沥青的延度有显著效果,芳香分对沥青质有很好的胶溶作用,饱和分是软化剂,由此而形成稳定的胶体结构。

二、沥青再生剂

沥青再生剂是掺加到再生沥青混合料中,用于恢复已老化沥青性能的添加剂。向再生沥青混合料中添加沥青再生剂的主要目的包括使老化沥青性能恢复到一个适当的水平,最大限度地利用旧沥青混合料;使得再生沥青混合料具有最佳的耐久性;保证有足够的沥青裹覆在空白集料上;提供足够的结合料满足混合料设计的需要。

常见的再生剂包括软化剂、还原剂、改性剂、稀释油、芳香油、增量油、抽出油、润滑油等。有些植物油也可以作为再生剂。为了保证再生剂发挥应有的作用,再生剂应该具备以下性质:

第一,调节废旧沥青的黏度,改变旧沥青的流变特性;

第二,渗入废旧混合料中与旧沥青充分交溶,使在老化过程中凝聚起来的沥青质重新溶解分散,调节沥青胶体结构;

第三,提高再生沥青混合料的寿命周期;

第四,性质均匀稳定;

第五，具有相当的安全性，使用过程中不冒烟、闪点高。

根据再生剂的性能，ASTM D 4552 将热拌再生剂划分为 RA1、RA5、RA25、RA75、RA250、RA500。前四种再生剂适用于热再生混合料中新集料的用量不超过 30％的情况，而 RA250、RA500 一般用于热再生混合料中新集料的用量大于30％的情况。ASTM D 5505 将乳化再生剂划分为 ER－1、ER－2、ER－35 三类。

第三节　就地热再生混合料设计

一、设计步骤

(一)矿料级配设计

采用加铺再生工艺时，再生混合料中一般无法添加新集料，矿料级配只能沿用原路面混合料级配。当原路面混合料级配不佳，不能满足要求时，应综合考虑再生厚度、新沥青混合料的掺配比例和级配、再生沥青性能、再生沥青混合料性能等，掺加一定比例的新沥青混合料，以改善原路面矿料级配。就地热再生混合料矿料级配范围仍沿用普通沥青混合料的相关规定。

(二)确定再生剂用量

在充分考虑再生路面的气候、交通特点、层位、纵横坡、超高等因素的基础上，确定旧沥青再生的目标标号。根据目标再生标号，用试配法进行旧沥青再生试验，即将再生剂按一定间隔的等差数列比例掺入旧沥青，测定再生沥青的三大指标，绘制变化曲线，用内插法初步确定再生剂用量。

在满足再生沥青技术指标的前提下，宜少用再生剂。一般情况下，掺加的新沥青的标号可选择《公路沥青路面施工技术规范》(JTG F40—2004)中规定该地区的沥青标号；当选择掺加高标号的新沥青时，可适当减少再生剂的用量。掺加的新沥青技术指标必须满足现行《公路沥青路面施工技术规范》(JTG F40—2004)要求。

(三)确定最佳新沥青用量

按照《公路沥青路面施工技术规范》(JTG F40—2004)的热拌沥青混合料设

计方法确定最佳新沥青用量(新沥青用量与新集料的比值即为掺加的新沥青混合料的油石比)。然后按照最佳油石比制备试样,按照《公路沥青路面施工技术规范》(JTG F40—2004)的方法进行配合比设计检验。

(四)试验路检验再生沥青混合料性能

就地热再生沥青混合料的性能必须经试验路检验。试验路检验项目主要有现场再生沥青的技术指标、马歇尔稳定度、再生混合料的级配、动稳定度、浸水马歇尔残留稳定度和冻融劈裂强度比等。

二、就地热再生混合料设计案例

(一)材料检测

▶▶▶ 1. 旧沥青路面材料中的沥青含量和矿料级配

采用机械切割方式获取旧沥青路面材料(RAP)样品。加热 RAP,用三氯乙烯充分溶解后进行抽提试验,测定沥青含量和矿料级配。试验结果见表 6—1。由结果可看出,RAP 矿料的各筛孔通过率总体符合《公路沥青路面施工技术规范》(JTG F40—2004)中 AC—13 型沥青混合料级配走势,但是 0.075~0.3 mm 通过率偏低,9.5 mm 通过率偏高。

表 6—1　RAP 中矿料级配和沥青含量试验结果

筛孔尺寸(mm)	19	16	13.2	9.5	4.75	2.36	1.18	0.6	0.3	0.15	0.075
RAP 矿料各筛孔通过率(%)	100	99.2	97.1	85.5	45.2	27.9	20.7	16.1	8.8	3.9	1.2
RAP 沥青含量(%)	5.05										
RAP 矿料毛体积相对密度	2.749										

▶▶▶ 2. RAP 中的沥青结合料性质

采用阿布森法从抽提试验得到的沥青与三氯乙烯混合液中回收沥青,测定回收沥青的 25 丁针入度、15 丁延度、软化点,以判断旧沥青的老化程度。由试验结果可以看出,见表 6-2,沥青老化程度相对较小(或者是原路面所用沥青较软);从三大指标看,回收沥青相当于 50 号道路石油沥青。

表 6-2　回收沥青试验结果

项目	单位	试验结果	试验方法
25℃针入度	0.1 mm	47.8	T0604
15℃延度	cm	15.6	T0605
软化点(7r&b)	℃	59.7	T0606

(二)目标配合比设计

▶▶ 1. 再生剂的选择

从外观上看,RAP 油石比很大;从沥青针入度、延度和软化点三大指标的测试结果看,原路面沥青三大指标相当于 50 号沥青;考虑到再生混合料作为中面层使用,50 号沥青可以满足使用要求,而且再生混合料中还会添加 90 号新沥青,本身就可以对旧沥青起到软化调和作用,本着再生剂用量宜少不宜多的原则,决定不添加再生剂。

▶▶ 2. 矿料级配组成设计

对各组分矿料进行了级配筛分,然后按照不同的比例进行掺配,以改善原路面矿料级配。工程级配范围和合成级配曲线见表 6-3。由此可以看出,通过添加新矿料,再生沥青混合料的矿料合成级配曲线得到显著改善且基本满足规范中 AC-13 型级配范围,0.075～4.75 mm 粒径范围通过率偏低的问题得到纠正,级配曲线在规范 AC-13 型级配范围内形成 S 形。

表 6-3　矿料筛分与合成级配组成设计(%)

筛孔尺寸（mm）	组成材料				设计级配	级配范围	
	RAP	10～15 mm 矿料	机制砂	矿粉		下限	上限
16	99.2	100	100	100	99.4	100	100
13.2	97.1	99.6	100	100	97.7	90	100

筛孔尺寸 (mm)	组成材料				设计级配	级配范围	
	RAP	10～15 mm 矿料	机制砂	矿粉		下限	上限
9.5	85.5	61.0	100	100	82.1	68	85
4.75	45.2	11.4	99.1	100	42.9	38	68
2.36	27.9	3.1	66.7	100	27.5	24	50
1.18	20.7	2.4	47.1	100	21.3	15	38
0.6	16.1	2.1	36.6	100	17.5	10	28
0.3	8.8	1.8	26.1	100	11.7	7	20
0.15	3.9	1.7	21.0	100	7.8	5	15
0.075	1.2	1.4	17.7	90.0	5.3	4	8
配比	75	18	3	4	100		

第四节　就地热再生施工

一、施工准备

(一)施工组织设计

在开展就地热再生施工之前,施工单位应完善一份详尽的施工组织设计,周密考虑交通组织、交通限制方案、停工期间设备摆放、材料运输、施工顺序、施工方向、作业时间、环境保护、安全措施等问题。

(二)材料准备

▶▶ 1.新沥青混合料

新沥青混合料的运距要合理,不能太远;运输车辆数量要足够,不能影响热再生连续施工;运输车辆要有良好的保温性能,以满足就地热再生施工耗用新沥青混合料较慢的特点。

▶▶ 2.再生剂

施工前再生剂应予加热,加热温度可接近其允许的最高温度。为保证连续施工应备足一天的再生剂用量。根据配合比设计,如果需要掺加新沥青,应事先将新沥青和再生剂按比例均匀搅拌在一起。

▶▶ 3.燃料

充分考虑燃料的添加方式、添加时间和地点,配备安全可靠的添加设备,配备足够数量的熟练操作人员,配备足够的消防器材,确保安全。

(三)机械机具准备

就地热再生所需的机械分为主要机械、辅助机械和机具。主要机械有加热机、再生复拌机、双钢轮压路机和轮胎压路机;主要辅助机械有沥青混合料运输车、再生剂运输车、燃料运输车、交通车、水车、交通标志车、废料收集车等。主要机具有切割机、平板夯、小型压路机(1t左右)、森林灭火吹风机、手推车、铁铲、扫帚等。

根据各工程的特点,配备足够的其他各种机械设备,比如清障车、拖车、吊车、伏刨机、摊铺机等。

(四)人员配备

就地热再生现场人员包括路面工程师、机械工程师、机械操作手、工人、交通安全警戒人员等若干名。

二、原路面处理

就地热再生前对原路面的处理主要包括病害处理、桥头和井盖处理、桥梁伸缩缝防护、路面标线、突起路标清除、绿化隔热防护等方面的工作。

(一)病害处治

有些路面病害是就地热再生不能修复的,应在就地热再生前根据设计文件要求予以处理。

▶▶ 1. 水损坏类病害

如果水损坏类病害的深度已超过了热再生施工深度,热再生前应予挖补。

▶▶ 2. 变形类病害

变形类病害严重时,热再生机可能翻松不到,直接热再生后路面容易损坏。因此,根据再生设备的不同,变形深度 3～5 cm 时,再生前应考虑说刨掉一部分,以确保再生施工时能翻松到变形的最低处一定的厚度。

▶▶ 3. 裂缝类病害

分清裂缝类病害的性质,对影响热再生工程质量的裂缝类病害应予挖补,对轻微影响热再生质量的裂缝类病害可采取灌缝等技术处理。

(二)桥头和井盖处理

桥梁伸缩缝和井盖会影响就地热再生连续施工,很难保证伸缩缝和井盖两段的热再生质量,应事先予以处理。处理方法有多种,可根据工程经验选择适宜的方法。例如,可以用铣刨机沿行车方向将伸缩缝和井盖后端铣刨 3～5 m,前端铣刨 1 m 左右,深度 3～4 cm,再生施工时用新沥青混合料铺筑;也可以首先将井盖摘除,铺上面积适宜的钢板,待再生完成后再重做井盖。

(三)桥梁伸缩缝防护

加热会破坏桥梁伸缩缝,事先应准备足够的、有效的隔热板,保护桥梁伸缩缝免遭加热损坏。

(四)路面标线、突起路标清除

路面热熔标线、文字以及突起路标应事先清除。

(五)绿化隔热防护

有些路面中央及两侧植有绿化带,就地热再生施工前应准备足够的隔热防护板,用于施工时保护绿化带。

三、铺筑试验路段

铺筑试验段是沥青路面工程的常规做法,对于就地热再生而言尤为重要。通过试验段,从工程技术、工程质量、施工管理、计划执行、施工安全等各个方面对所有准备工作情况进行全方位检验。

就地热再生试验路段的铺筑应由各方面共同参与,事前要有计划,事后要有总结。施工单位要就试验内容提出完整详尽的试验报告,报业主和监理批准,也作为以后施工的指导。试验路段的长度通常为200~300 m,工作内容及目的主要如下。

第一,检验前期准备工作是否充分。

第二,检验各种施工机械的类型、数量及组合方式是否匹配,设备工况是否良好,能否满足整个工程的要求。

第三,检验各类施工人员数量是否足够,搭配是否合理,人员之间是否协调。

第四,检验再生混合料的各项技术指标是否达到设计目标,如再生沥青的标号、再生沥青混合料的各项物理力学指标等。

第五,检验新沥青混合料的各项技术指标能否满足要求,供应状况能否满足施工需要。

第六,确定设备加热温度、施工速度、翻松深度、再生剂喷洒方式和计量控制、摊铺方式、松铺系数、摊铺质量、路面压实、平整度控制等各项技术参数。

第七,检验每天完工后各项收尾工作是否有条不紊地进行,现场清理是否符合要求,设备停放是否安全有序。

第八,检验各项安全措施是否到位,今后大规模施工是否安全,有无需要加强改进的地方。

第九,检验各种后勤保障工作是否有力。

四、再生施工

(一)清扫路面、画导向线

所有的工具、材料、机械设备准备工作完成后,在正式施工前,应清扫路面,以免杂物混入再生混合料内。清扫路面后,在路面再生宽度以外画再生设备行进导向线,也可将路面边缘线作为导向线,以保证再生边缘线顺直美观。

(二)路面加热

由于加热机的不同,加热方式分一步法和多步法。

▶▶ 1.一步法

所配置的多台加热机只有加热功能,没有翻松功能。旧路面经多台加热机一次性加热到足够的温度,然后由再生复拌机一次完成翻松。一步法加热方式速度稍慢一点,但对旧沥青老化较小,对碎石破碎也小。

▶▶ 2.多步法

所配置的多台加热机中,一般第一台及(或)第二台无翻松功能,只能加热旧路面(也称预热机),第二台或第三台为带翻松功能的加热机。旧路面分次加热,分次翻松(每次翻松的深度一般为 2 cm 左右),最后由再生复拌机完成最终翻松深度。多步法加热方式有利于旧沥青路面内部水分的蒸发,加热效率稍高,再生深度也稍大,但对旧沥青老化较严重,对碎石破坏较大。

无论采用哪种加热方式,都必须保证旧路面翻松前经过了充分而适度的加热。加热温度不足,会造成路面翻松时对碎石的破坏,影响再生剂和旧沥青的融合,影响再生沥青混合料的施工和易性和摊铺及压实效果。但是如果加热温度过早,则会造成路面沥青材料的老化,同样是不利的。为此,应注意以下几点。

第一,应保证加热热备数量,延长加热时间,而不是一味地提高加热器温度或降低加热器高度。带有明火的加热器一般应距离路面 20 cm 左右。加热器的加热温度过高或者是距离路面太近,都会增加沥青路面的老化和烧焦。最佳的方法是使加热器以适当的加热温度和足够的加热长度(增加加热机数量、降低加热机行进速度)来共同实现对旧路面的快速均匀良好的加热。一般来说,加热机的配置应考虑满足施工速度 1.5~5 m/min 的要求。加热温度以再生混合料的摊铺温度为准,一般摊铺温度控制在 120℃~150℃,最低不得低于 110℃。

第二,再生列车的所有设备应尽可能紧靠,减少设备间空隙,避免热量散失过多。

第三,旧路面加热宽度一般比翻松宽度每侧宽 20 cm 左右,让接缝处的温度足够高,以保证纵缝的有效热连接。随时检查翻松边缘的温度,如果温度偏低,应及时调整加热宽度,以确保翻松边缘温度足够,从而保证纵向接缝碾压密实。

（三）翻松

与一步法加热对应的是一次性翻松,与多步法加热对应的是多次性翻松。翻松过程关键是要控制好翻松深度。有些再生复拌机的翻松装置带有深度自动控制系统,可自动控制翻松深度和确保翻松深度的均匀性;有些再生复拌机的翻松装置靠手动液压杆控制,翻松深度时常会变化,应注意及时调整。无论设备性能如何,均应派专人负责,使翻松厚度尽可能均匀;即使变化,也应缓慢渐变化,并相应调整再生剂用量。

监控翻松深度可从直观的翻松深度、熨平板前再生沥青混合料堆积量变化情况和再生混合料摊铺的厚度三者综合判断,有预见性地发现翻松深度变化的趋势,提前调整纠正。

（四）再生剂的喷洒

目前市场上主流的沥青路面就地热再生设备,其再生剂喷洒装置大多集成在再生复拌机上,与再生机复拌机行走速度连动并自动控制,能准确地按设计剂量喷洒。

再生剂一般应喷入翻松装置内,翻松的同时即可完成再生剂与旧沥青混合料的第一次初步拌和。

为了提高再生剂的流动性,以便其更好地与旧沥青融合,再生剂一般应加热到不影响再生剂质量的最高温度,以提高再生质量。此外,再生剂用量要控制准确,施工过程中应特别注意翻松深度的变化,随深度变化实时调整再生剂的用量,确保再生质量。旧路面均匀性较差时,也应随旧路面含油量变化适时调整再生剂的用量。现场控制再生剂用量应以室内试验数据为指导,采取经验判断为辅的综合控制方式。再生剂用量的准确控制与否是再生工程质量好坏的最重要指标。

（五）搅拌

再生剂与旧沥青混合料的搅拌一般需经两次完成,第一次是在翻松的同时,将再生剂喷入旧沥青混合料,完成第一次搅拌,然后旧沥青混合料进入再生复拌机搅拌锅内,进行第二次强制搅拌。复拌型再生,第二次搅拌时还包含有新沥青混合料;加铺型再生,第二次搅拌时一般没有新沥青混合料。

施工中,应使用红外线测温仪检查刚搅拌完成的再生沥青混合料的温度,如果料温不够高,应控制加热机减慢速度;如果料温太高,应控制加热机加快速度或降低加热器的加热温度或减少加热机的台数。

(六)摊铺

再生复拌机与常规沥青摊铺机的摊铺施工相似,但又有一些不同。由于再生方式的不同,摊铺可分为复拌型摊铺和加铺型摊铺。

▶▶ 1. 复拌型摊铺

由于再生设备的不同,复拌型摊铺方式又有不同。当再生复拌机没有自带的熨平板摊铺装置时,通常采用常规沥青摊铺机紧跟在再生复拌机后面摊铺再生混合料;当再生复拌机有自带的熨平板摊铺装置(单熨平板摊铺装置、双熨平板摊铺装置)时,就用再生复拌机自带的熨平板摊铺装置摊铺再生混合料。

▶▶ 2. 加铺型摊铺

由于再生设备不同,加铺型摊铺可分为一步法和多步法。

(1)一步法

当再生复拌机自带有双熨平板摊铺装置时,利用再生复拌机的第一熨平板摊铺装置摊铺再生混合料;与此同时,利用再生复拌机的第二熨平板摊铺装置将新沥青混合料摊铺于再生混合料之上,两层一起压实。

(2)多步法

当再生复拌机没有自带的熨平板摊铺装置时,通常采用一台常规沥青摊铺机紧跟在再生复拌机后面摊铺再生混合料;与此同时,采用第二台常规沥青摊铺机紧跟在第一台常规沥青摊铺机后,将新沥青混合料摊铺于再生混合料之上,两层一起压实。当再生复拌机自带熨平板摊铺装置时,先用再生复拌机自带的熨平板摊铺装置摊铺再生混合料;然后用一台常规沥青摊铺机紧跟再生复拌机,将新沥青混合料摊铺于再生混合料之上,两层一起压实。

再生复拌机的摊铺装置与常规沥青摊铺机一样,配置了找平系统。再生施工时,根据现场情况选择找平方式,可选择拉钢丝、路面上放置铝合金找平梁、走滑靴或使用超声波找平系统等,以保证再生路面平整度和行车舒适性。

再生沥青混合料一般较新沥青混合料温度低,因此应尽可能增大熨平板振捣,提高混合料的初始密实度,减少热量散失,为压实创造条件。此外,还应注意控制松铺系数,确保纵向接缝平顺。

就地热再生施工中,新沥青混合料的用量一般为常规路面摊铺用量的 1/2～1/3,而且由于摊铺宽度较窄,用料速度较慢,混合料现场等待时间较长,必须采取各种措施确保新沥青混合料使用时的温度。

(七)压实

再生沥青混合料往往具有较高的劲度,较新沥青混合料压实困难,应配备大吨位的振动双钢轮压路机和大吨位的轮胎压路机交替碾压。

再生沥青混合料温度较新沥青混合料低,而且只是碎石表面的沥青膜温度较高,而碎石本身温度较低,甚至是凉的,因此料温下降较快。为了改善压实效果,就地热再生的碾压必须紧跟摊铺进行。碾压时应尽可能减少喷水甚至不喷水(轮胎压路机),以减少温度散失。

由于行车的干扰,纵向接缝往往难于压实,大吨位压路机可能难于碾压到位,可选用小型振动压路机配合碾压。

(八)养生开放交通

就地热再生混合料,一方面由于石料内部温度较低而造成混合料温度下降很快;另一方面却由于施工时对路面进行了加热,路面内部温度较高而且下降较慢。因此,就地热再生混合料适宜压实的温度范围较小,碾压后需要降温的时间却较长。开放交通时,路表温度不宜高于 50℃。盛夏时,路面内部温度下降更慢,开放交通时路表温度不宜高于 45℃。

五、施工关键点

为从施工角度保证工程质量,应注重以下施工关键点。

(一)再生加热温度要适度

适度的加热温度是保证沥青路面就地热再生质量的关键。温度太高,会引起沥青老化严重,而且还会降低功效;温度太低,再生剂与旧沥青溶合困难,起不到再生作用,还会出现翻松时破碎集料,使级配发生变化,再生混合料出现离析、压实困难、层间连接不良等许多问题。旧路面加热温度要均匀,严禁时高时低,频繁变化,这样会造成再生路面质量时好时坏,质量均匀差。路面加热温度要适度,既保证再生工程质量又注重生产效率。

(二)再生剂用量要准确

再生剂喷洒计用量要准确,这是保证再生质量的又一关键。再生剂用量与设备行走速度是连动的,可自动控制再生剂喷洒量;但如果旧路面平整度不好、车辙变化频繁,就必须要注意观测翻松旧沥青混合料的数量,适时适量调整再生剂用量。再生剂太多,再生沥青标号偏高,再生路面会出现泛油和发软现象;再生剂太少,再生效果不理想,旧沥青老化状况不能得到有效改善,路面的耐久性不好,而且还会出现粒料不黏、摊铺离析和压实困难等问题。旧路面级配和油石比往往不均匀,现场技术人员要多观察,多总结经验,以试验室的试验结果为依据,根据现场情况变化适时适当调整。再生沥青混合料颜色不能太暗淡(再生剂偏少),也不能过于光亮(再生剂偏多),要有适当的光泽即可。

(三)再生厚度要均匀

就地热再生施工时,特别要注意翻松深度一定要均匀。翻松深度时深时浅,不但会影响路面的平整度,而且还会影响再生剂用量的准确性,再生沥青混合料的性能也不均匀,严重影响再生质量。根据旧路面情况,再生翻松深度要适度,并不是越厚越好。

(四)确保压实质量

由于再生沥青混合料的劲度往往高于新沥青混合料,而且温度下降较快,建议采用较大吨位压路机碾压,尤其是轮胎压路机,最好采用 20～30 t。压路机一定要紧跟复拌机碾压,以免料温下降过快而影响压实。要获得良好的密实度应注重施工过程质量控制,尽可能减少钻孔检查。再生混合料变异性可能较大,压实度应取取样试件的实测密实度与试件实测理论密实度之比。

(五)保证接缝质量

加热宽度应比翻松宽度每边宽 20 cm 为宜,以保证纵向接缝的温度;纵向接缝、横向接缝是就地热再生的质量控制重点,控制好适当的松铺系数,使纵向接缝、横向接缝的高差尽可能小且碾压密实。

(六)再生沥青技术指标

影响再生沥青混合料质量关键的指标之一就是再生沥青的针入度、延度、软化点三大指标。每天应做一组试验,用以评价当天的再生混合料质量,并用于指导第二天的再生施工。

(七)摊铺厚度

无论是再生沥青混合料的摊铺还是新沥青混合料的摊铺,施工中必须做到厚度均匀。由于旧路面情况的时常变化,最难控制的是再生沥青混合料的摊铺。施工时,工程人员应随时关注熨平板前再生沥青混合料量的变化,有预见性地慢慢调整再生沥青混合料的摊铺厚度,切忌摊铺厚度发生大的突变。

第七章　高性能冷补材料与坑槽修补技术

第一节　技术概要

一、技术特性

坑槽是我国沥青路面的主要病害形式之一。坑槽的出现往往具有突发性,并有不断扩大的趋势,若不及时修补,会对行车安全造成极大的威胁。所以,在坑槽出现之后必须迅速进行修补(有些高速公路要求在坑槽出现后 24 h 内修补完毕)。

沥青路面坑槽病害的修补,按照修补工艺的不同可以分为热补法和冷补法两种类型。前者采用热拌沥青混合料,有的还对原路面局部进行加热,而后者则采用常温沥青材料。我国大部分地区冬春季节气温较低,使用热拌沥青混合料进行路面局部修补难度很大。原因主要:用热拌混合料拌和楼生产很不方便;修补剩余的混合料在低温下无法再利用,只能废弃,造成很大的浪费和污染;在雨季,有些施工质量不佳的路面容易出现很多坑槽路段,而热拌混合料在雨天无法正常施工。冷补材料施工速度快,操作简便,可在冬季和雨雪天气施工的优点,恰好满足了坑槽修补的要求,因此这项技术逐步得到认可和推广应用。

冷补沥青混合料的应用场合和使用条件,要求其具备以下技术特性。

(一)施工和易性

在施工温度下,混合料能保持松散状态,不结块,不黏聚成团,可以用铁铲方便地进行手工拌和操作。

(二)储存性能

冷补料生产后进行密封包装,室内堆放几个月甚至一年以上后,仍能保持松散状态;或虽已黏聚成团,但用铁铲等简易工具能方便地将其拍成松散状态。

(三)初期强度

在冷补料填补到坑槽并碾压后,为了满足立即开放交通的要求,混合料应具有一定的强度以承受车辆荷载。

(四)成型强度

在长期使用中,随着隔离剂的挥发和集料的进一步压实,混合料应具有足够的强度,以承受夏季高温季节的行车荷载反复作用。

(五)水稳定性

冷补料在有水的状态下仍能够正常摊铺、碾压,碾压后的冷补料需具备良好的抗水损坏能力,以抵御在初期和成型后的雨水的侵蚀。

与热拌沥青混合料相比,冷补料通过掺加隔离剂实现了施工状态从热铺到冷铺转变的同时,也不可避免地影响到了混合料的路用性能。因此,需要通过适当的技术手段,减少隔离剂对混合料路用性能的影响,协调好冷补料的"和易性""储存性能""初期强度"和"耐久性"之间的矛盾。

总之,冷补沥青混合料的设计,从根本上来说就是要解决和协调施工和易性与路用耐久性间的矛盾,而这也正是冷补材料的技术难点所在。

二、冷补料的类型

(一)稀释沥青混合料

稀释沥青混合料,也称溶剂型沥青混合料。其基本原理是通过掺加不同挥发性的溶剂,在一定时间范围内暂时降低沥青的黏度,使混合料在一定时间内不致硬化,维持良好的施工性能;施工后随着溶剂的挥发,混合料获得足够的强度;同时,还通过掺加添加剂改善混合料的性能。

(二)乳化沥青混合料

乳化沥青混合料的其基本原理是将沥青乳化成常温下呈液态的乳化沥青,然后用乳化沥青拌制成常温混合料;施工后乳化沥青破乳,乳化沥青中的水分蒸发,残留沥青与石料黏结在一起形成具有一定强度的混合料。

两者相比,乳化沥青混合料的主要优点是没有污染,但是储存时间较短,而且一般只能在气温5℃以上施工,不能满足冬季施工的要求,因此适用范围受到了很大的限制。稀释沥青混合料储存时间可以是几个月甚至一年以上,且施工基本不受气温和天气条件的限制,是冷补料的主要类型,也是冷补料的发展趋势。本书主要介绍可以储存的稀释沥青混合料。

稀释沥青一般由基质沥青添加一定数量的稀释剂(或称为溶剂、隔离剂)充分搅拌均匀而成。为保证隔离剂与沥青的相容性,通常采用极性与沥青相似的汽油、煤油和柴油作为隔离剂。添加了隔离剂的稀释沥青的性能受到了一定程度的影响,特别是抵抗水侵害的能力,所以稀释沥青通常还需要加入一些添加剂,以提高它的性能。

三、国外的相关技术概况

(一)苏联

前苏联的研究指出,冷铺沥青混合料与热铺沥青混合料的根本区别在于,冷铺沥青混合料使用的结合料为稀释沥青,而热铺沥青混合料使用的结合料为黏稠沥青;拌制冷铺沥青混合料时必须使用一定量的矿粉,沥青越稀释,越应加大矿粉用量。分别用黏稠沥青和稀释沥青制备的两种沥青混合料具有相同的初始强度(如 R20＝3.5MPa),采用黏稠沥青混合料时,矿粉用量应占矿料总量的 0～5％;采用稀释沥青混合料时,矿粉用量应占 12％。苏联的这种技术指导思想反映在集料级配上就是,矿粉用量高达 15％～30％,依靠沥青与矿粉所形成的胶结料构成混合料的黏结强度。

(二)英国

英国 Emcol 国际有限公司研制的快速道路修补材料在美国、加拿大、南非等地能从－45℃的低温到路面温度达到 54℃的高温等各种气候条件下使用,修补迅速,成本比同类的材料低 30％左右。由于选用了一种非离子型表面活化剂,保证了混合料在储存期间的和易性,该种材料有效储存期达到了桶装 10 个月,袋装 3 个月,储存温度为 5℃以上。

英国 Rocol 公司开发的路面坑槽修补材料以聚乙烯袋包装储存,使用时只需将修补材料填入路面坑槽中经抹平、压实,即可开放交通。这种材料使用不受气候条件限制,使用前不需加热、拌和,也是一种良好的全天候路用修补材料。

(三)加拿大

加拿大 TCG 材料有限公司推出的一种储存式冷补沥青混合料,是将沥青、湿润剂、共聚物及特别挑选的集料,以独特的配方配制的特殊沥青混合料。这种混合料能在潮湿状态下进行路面修补,能露天储存 2 年,并能在 $-15℃\sim38℃$ 的气温条件下使用,性能良好。

(四)日本

(1)日本某公司研制的一种冷补沥青混合料,由 A、B、C 三种材料构成。

1)材料

碱性金属的氢氧化物,10%～15%(占集料质量的百分比),如 $Mg(OH)_2$、$Ca(OH)_2$、$Zn(OH)_2$、$Al(OH)_3$ 等;集料;轻质沥青;3%～9%溶剂,如柴油、煤油、汽油、机油等。

2)材料

碳氢化合物类液状物。

3)材料

多元羟酸类物质(1 个分子中带有平均 1 个以上的羟酸基化合物)。

拌制时:

①将集料、二价以上碱金属的氢氧化物充分搅拌,使集料表面形成一层金属氢氧化物层;

②与轻质沥青混合,形成另一种轻质沥青层;

③再与多元羟酸类物质(轴承油＋聚合酸)混合,形成羟基类化合物层,就得到冷补混合料。

这种混合料可在雨季施工,且强度没有损失,耐久性好。

(2)日本另一家公司研制开发的冷补混合料组成如下。

①集料:80%～90%;

②沥青材料:4%～8%(轻质沥青);

③树脂状物质:3%～10%。

施工时,将该混合料运送到现场,初步铺设后进行表面加热,待树脂状物质熔化后,便将集料就黏结在一起,冷却后即形成强度。施工结束 30 min 后,即可开放交通。这种冷补混合料的储存期在 1 个月以上。

四、国内研究应用概况

我国在冷补料方面起步要晚,直到 20 世纪 80 年代末才有一些研究部门开始进行探索性研究。早期的冷补料以乳化沥青型的冷补材料为主,从 20 世纪 90 年代开始,稀释沥青类型的冷补料开始在我国得到应用,并迅速成为我国冷补料的主要类型。

有关资料和报道表明,我国的黑龙江、辽宁、上海、陕西、山西、河北、北京等很多省市的公路、市政、科研机构和高等院校都在冷补沥青混合料的研究开发方面做了不少工作,并且有了相当数量的实际应用。

同济大学在 20 世纪 90 年代中期进行了储存式沥青混合料的研究。为了满足初期强度,他们选择了类似苏联的级配类型,建议矿粉用量 10%～15%。冷补液为基质沥青添加柴油作为溶剂混合而成,加入 SBS 改性剂和抗剥落剂。东北林业大学的张海涛等在国内较早地对溶剂型常温沥青混合料进行了室内研究,并铺筑了试验路。他们采用了煤油和柴油作为添加剂,制备了溶剂型常温沥青混合料。为了便于储存,在混合料中掺加了油脚作为稳定剂。山西省交通科学研究所在常温混合料的研制上也做了大量有益的探索,根据气温高低及适用范围,开发出一般型和快速型两种常温混合料。一般型初期稳定度随气温下降而增大,适用于低温季节修补坑槽,而在夏季高温季节则宜使用快速型常温混合料。长沙理工大学的刘大梁等用 SBS、混合溶剂、增黏剂、增塑剂、防水剂、补强剂等配制出冷铺沥青混合料专用的冷铺沥青添加剂,在湖南省浏阳市106 国道进行了储存式冷铺沥青混合料的修补试验。吉林省公路管理局应用该技术自 1997 年起,将冷补技术作为吉林省公路养护管理行业重点新技术在全省推广,取得了良好的效果。

交通运输部公路科学研究所承担了交通运输部西部交通建设科技项目"高性能预拌式冷铺沥青混合料的研制和应用技术研究",研究开发适合我国西部情况的高等级公路及时、快速、全天候修补的高性能修补材料和技术,特别是在低温、雨雪等不利施工季节下的路面快速局部修补技术,编写了《冷补沥青混合料技术指南》。

第二节　冷补材料

一、冷补沥青混合料的结构组成特点

根据冷补沥青混合料的技术要求,为了获得较好的施工和易性能,沥青结合料的黏聚力应较小,故初始强度主要应来源于矿料间的嵌挤力和内摩阻力,即冷补沥青混合料宜采用骨架型结构。为了得到一定的初始强度可以采用较粗的、颗粒尺寸较均匀的集料,使它们之间相互嵌挤构成骨架。为了改善沥青混合料的疏松性、和易性,可采用低稠度沥青,降低沥青的黏度。这种材料在初期内摩阻力较大,而黏结力较小。

根据冷补沥青混合料的技术要求,其初期强度主要由集料嵌挤形成;随着时间的推移,冷补沥青中的隔离剂逐步挥发,冷补沥青黏度增大,沥青结合料的黏结力增大,集料嵌挤力和结合料黏结力共同作用形成最终强度。因此,冷补沥青混合料需要有一定的空隙率使隔离剂能较快较充分的挥发,宜采用开级配。

混合料的疏松性决定于未经压实时混合料颗粒上沥青薄膜的厚度。当沥青膜厚度大时,颗粒便易黏结起来而产生结块。由于增加混合料中矿粉含量可以使矿质骨架的比面积大大增加,可以加强沥青对石料的裹覆能力,避免拌和时发生的流淌,而且不至于显著增加它的空隙率,所以适当增加矿粉用量可以使混合料的强度增大。这是因为矿粉的增加,使得矿料的比面积增大且颗粒结合点数量剧增,更多的沥青成为薄层的结构沥青,具有更大的黏结力,尤其在颗粒接合点处这种联结作用更大。但是矿粉用量过多会影响施工和易性和储存性能。

因此,根据冷补沥青混合料的特点,宜采用骨架空隙型结构。显然,这对水稳定性方面提出了较高的要求。故水稳定性是衡量冷补沥青混合料的性能优劣的一个重要指标。

二、冷补液

冷补液是冷补料的结合料,一般由隔离剂、添加剂和改性剂等组成。

(一)隔离剂

根据冷补沥青混合料特殊的路用要求,基质沥青中必须掺加一定比例的隔离剂以降低它的黏度。隔离剂的选择应考虑极性与挥发性。

▶▶ 1. 隔离剂的极性

隔离剂极性的大小,不仅与沥青结合料的互溶性有关,还影响沥青结合料与集料的黏附性,因此应选择与沥青结合料极性相同或相似的低黏度液体为隔离剂。

▶▶ 2. 隔离剂的挥发性

隔离剂的挥发速度直接影响沥青结合料的黏度。挥发过快,会使沥青结合料表面结膜,影响混合料的储存性能;挥发过慢,则混合料强度形成很慢。为保证隔离剂与沥青的相容性,可采用极性与沥青相似的汽油、煤油和柴油。冷补沥青混合料一般需储存较长时间,所以应选用挥发慢的柴油。

柴油用量和标号应根据使用地区的气候条件决定。根据国家标准,柴油按凝固点分为 6 个标号:5 号、0 号、-10 号、-20 号、-35 号和-50 号。冷补沥青混合料一般采用符合国家标准的"-20 号~0 号"车用柴油,推荐选用低温标号的柴油。

(二)添加剂

基质沥青掺加隔离剂后,使得原有沥青的性能受到了很大程度的破坏,所以需要掺加一些特殊的添加剂以改善它的性能。一般来说,添加剂应能改进稀释后的沥青与集料之间的黏附性能,提高水稳定性。

此外,为了提高冷补沥青混合料的性能,还可以加入一些特殊的添加剂,可以起到以下作用:

第一,吸附和吸收沥青的作用,以增加沥青用量,从而提高冷补料耐久性;

第二,加筋作用,以三维状态在混合料中起到加筋作用;

第三,增黏作用,提高沥青膜厚度,从而提高冷补料耐久性;

第四,催干作用,使沥青膜适当干燥,保持混合料疏松。

某些国外文献中曾介绍过在沥青中添加催干剂,如亚硫酸盐废液、环烷酸皂等,以便使混合料颗粒表面的沥青膜适当干燥,降低黏结性,保持混合料的疏松性。但这样要求混合料应具有良好的密封性,增加了储存的困难。

(三)改性剂

由于冷补沥青混合料在性能上存在不足,比如初期强度较低、高温稳定性差、低温工作性不好等,国内很多研究者通过加入 SBS、SBR 等改性剂来改善基质沥青性能。

三、油石比

沥青膜厚度直接影响到混合料的施工和易性、强度、水稳定性等一系列性能。用油量过大时,沥青膜厚度大,集料表面的沥青之间的接触面积较大,容易形成结块,容易出现析漏现象;用油量过少时,集料表面不能完全被沥青裹覆,产生弱界面层和应力集中现象,容易造成松散,耐久性较差。因此,必须严格控制沥青膜厚度。

确定最佳油石比主要有以下几类方法。

(一)日本冷补料最佳油石比确定方法

日本方法采用浸水剥离试验和沥青膜流淌试验分别确定出油石比的下限和上限。试验步骤如下。

》》 1.裹覆性试验

(1)按照级配要求称量 2 000 g 石料。

(2)将石料在 60 ℃烘干。

(3)按照不同油石比混合沥青和石料。

(4)将混合料放在吸湿性纸上使其变干,或放入无烘箱中加速其干燥过程。

(5)当混合料干燥后,估测其裹覆率。

(6)记录下混合料裹覆率为 90% 时的油石比。

》》 2.黏附性试验

(1)称取 5 个质量为 1 100 g 的石料试件,将其加热到 60 ℃。

(2)拌和试件。从裹覆性试验得到的最低油石比开始试验,油石比每次增加 0.5 个百分比。

（3）确定每个试件的裹覆率都在 90% 以上。

（4）取 100 g 冷却到室温进行黏附试验，剩余的 1 000 g 进行析漏试验。

（5）将取出的 100 g 混合料放入 1 L 广口瓶中，装满纯净水。

（6）置入烘箱中放置 16～18 h。

（7）取出广口瓶，猛烈摇动 5 s；倒出水，至干燥。

（8）估计其裹覆率，把裹覆率大于 90% 时的油石比记录为最小油石比。

▶▶ 3. 析漏试验

（1）称取盛放混合料的直径为 25 cm 的铝制托盘质量；

（2）将黏附性试验中每个试件剩余的 1 000 g 混合料放入托盘，称取质量；

（3）将混合料和托盘一起放入 60℃ 烘箱中 24 h；

（4）将其取出，称量并计算沥青脱落率，把沥青脱落小于 4% 的油石比记录为最高油石比。

（二）科宁冷补料最佳油石比经验方法

▶▶ 1. 滚动试验

滚动试验用于控制沥青的最小用量。取少量新制成的冷补料，放在一张白纸上，试图产生像圆木一样的滚动，查看其黏结情况：试样若破碎，则说明用油量偏少，应增加冷补液用量 0.25 个百分点，然后重新进行试验直到满足要求。

▶▶ 2. 纸迹试验

纸迹试验用于控制沥青的最大用量。取少量新制成的冷补料，自然放置在一张白纸上，观测残留在纸上的痕迹：正常痕迹应为轻微的黑色斑点；若出现严重的墨迹，则说明用油量偏多，应减少冷补液用量 0.25 个百分点，然后重新进行试验直到满足要求。

科宁方法的滚动试验没有控制试验温度，而实际上冷补料的黏聚性能对温度敏感性很大，不同的室温条件完全可能得出不同的结论；纸迹试验方便可行，根据经验，冷补料由于掺加了隔离剂，存在一定的冷补沥青流淌现象。

（三）经验公式法

该法系按照式（7-1）计算最佳油石比。

$$P = 0.021A + 0.056B + 0.099C + 0.12D + 1.2 \qquad (7-1)$$

式中,P——冷补沥青混合料结合料用量(%);

    A——大于 2.36 mm 颗粒质量百分率(%);

    B——3~2.36 mm 颗粒质量百分率(%);

    C——0.075~0.3 mm 颗粒质量百分率(%);

    D——小于 0.75 mm 颗粒质量百分率(%)。

需要指出的是,起黏结作用的是沥青结合料,隔离剂不起黏结作用,所以按照沥青膜厚度理论计算所得的 P 应为沥青结合料用量,而不是冷补液用量。有人在引用该式时,直接将 P 作为冷补液用量,将导致计算所得沥青用量偏小。

第三节　冷补混合料性能评价方法

一、冷补沥青混合料的结构组成特点

冷补沥青混合料与热拌沥青混合料有着不同的特点,其技术要求、性能评价方法也不同。冷补沥青混合料主要有以下五大性能要求。

(一)施工和易性

评价冷补料在施工过程中的流动性、黏聚性等综合性能,是冷补沥青混合料最基本的性能要求。

(二)初期强度

冷补料在铺筑之后,即应具有足够的强度抵抗车辆的荷载。

(三)储存性能

储存性能是冷补沥青混合料技术能够大规模推广应用的内在要求。

(四)成型强度

冷补沥青混合料隔离剂挥发后的最终强度。

(五)水稳定性

冷补沥青混合料应适合在雨雪天气下施工,所以它的水稳定性非常重要。

本书结合开展的西部交通建设科技项目研究成果,提出了如表 7－1 所示的冷补料评价方法。

表 7－1　冷补沥青混合料室内评价方法及技术要求

试验名称	性能控制	标准
赛波特黏度(50P,3 mm)	冷补液黏度	500～1 000 s(冬季)
		1 000～2 000s(春秋季)
		2 000～5 000 s(夏季)
黏附性试验	黏附性	5
贯入试验	施工和易性	0.5～4kg/cm²
黏聚性试验	黏聚力	N60%

二、黏附性试验

(一)目的与适用范围

本方法适用于评价冷补液与集料的黏附性能或成品冷补沥青混合料抗水剥落性能。

(二)仪具与材料

本试验需要下列仪器和材料:

第一,容积为 1 000 mL 的烧杯一个;

第二,玻璃棒一根;

第三,天平,感量不大于 1 g;

第四,秒表一只;

第五,白纸若干。

(三)方法与步骤

第一,在 1 000 mL 的干净烧杯中注入 800 mL 左右的蒸馏水,加热至沸腾。

第二,取 250 g 的冷补料放入沸水中,并开始记时。试验时以 1 周/s 的速率用玻璃棒搅拌,持续 3 min。

第三,停止加热并将水面上漂浮的沥青撇去,以免二次裹覆。

第四,将水冷却至室温,倒掉水分并将湿混合料放到白纸上。

第五,按表 7-2 目测判断评定黏附性等级。

表 7-2　冷补液黏附性等级

试验后石料表面上沥青膜剥落情况	黏附性等级
沥青膜完全保存,剥离面积百分率接近于 0	5
沥青膜小部分为水所移动,厚度不均匀,剥离面积百分率小于 10%	4
沥青膜局部明显地为水所移动,基本保留在石料表面上,剥离面积百分率小于 30%	3
沥青膜大部分为水所移动,局部保留在石料表面上,剥离面积百分率大于 30%	2
沥青膜完全为水所移动,石料基本裸露,沥青全浮于水面上	1

(四)报告

报告黏附性等级。

三、贯入试验

(一)目的与适用范围

本方法适用于评价成品冷补沥青混合料的施工和易性能。

(二)仪具与材料

本试验需要下列仪器和材料。

(1)贯入测试仪,应满足以下要求。

第一,测试盒:测试盒呈正方体,由不锈钢材料制作,内壁边长为 102 mm±0.5 mm。顶面不封闭,其中一个侧面中心留有直径为 10 mm±0.1 mm 的圆孔。

第二,贯入仪:一种简易的便携式贯入测试仪,测试范围为 0~4.5 kg/cm²。

第三,适配器:长 75 mm,顶部为直径 9.5 mm 的金属器。

（2）冰箱，感量不大于 1 ℃。

（三）方法与步骤

第一，将冷补料放入测试盒中装满，注意松散放入，勿需压实。

第二，置于 VC 的冰箱中保温 3 h 以上。

第三，将贯入头匀速插入测试盒侧壁的小孔中，贯入过程持续时间约为 2～3 s，记录贯入仪上的读数。

第四，取三个试件的平均值记为该冷补料的贯入强度出。

（四）报告

同一试样平行试验三次，当三次测定值的差值符合重复性试验精密度要求时，取平均值作为试验结果，准确至 0.25 kg/cm²。重复性试验的允许差为 0.5 kg/cm²。

试验结果应报告三个试件的贯入强度值及平均值 W。

四、黏聚性试验

（一）仪具和材料

本试验需要下列仪器和材料。

第一，马歇尔模具及马歇尔击实仪。

第二，天平、游标卡尺。

第三，冰箱。

第四，标准筛［底部为直径 305 mm、筛孔（方孔）为 26.5 mm］。

（二）方法与步骤

第一，将 700 g 左右的冷补料装入马歇尔试模，放在 4 ℃冰箱中保温 3 h 以上。

第二，取出后双面击实各 5 次，制作成马歇尔试件。试件高度应满足 51 mm ±1.3 mm。

第三，将其脱模后称取质量（m），并迅速放在标准筛上（标准筛底部为直径

305 mm、筛孔为 26.5 mm），盖上盖。将标准筛直立并使试件沿筛框来回滚动 20 次，大约每秒一次。

第四，然后放在桌子边缘 10 s，并留有空隙使试件碎块通过筛孔；轻击筛网，打开盖，称取最大碎块质量 G1，计算残留率 C。

（三）报告

试验结果应报告冷补料的残留率。

第四节　冷补沥青混合料生产和施工工艺

一、冷补料的生产

生产冷补料一般借用生产热拌沥青混合料的拌和楼来完成；必要时还需要对拌和楼进行适当改造，以确保沥青罐具有搅拌、计量等功能，确保拌和楼火力可控，以达到出料的温度控制要求。

冷补料的生产一般应满足以下要求。

第一，将 120℃～140 ℃之间的基质沥青加入隔离剂和添加剂，并借助于机械搅拌或泵循环装置，直到使其混合均匀为止。

第二，冷补液加热温度为 80～120 ℃，最好采用导热油方式加热。

第三，将集料加热至 80～100 ℃，拌和楼设备有除尘、除水的要求，以防止集料腐蚀筛孔，同时对集料加热和除尘也有利于裹覆性能，所以必须开启加热和除尘设备。

第四，混合料搅拌时间大于或等于 35 s，出料温度不宜超过 90 ℃。混合料拌制完成，冷却至常温（也可高于常温，以不损坏密封袋为准）后装入袋中密封。一般采用内袋、外袋进行严格密封包装，内袋可采用密封性良好的聚氯乙烯袋，外袋可采用韧性较好的编织袋；同时还应谨防包装袋破损而使冷补料挥发变硬，影响施工性能。

若生产的冷补料计划在一周内使用完毕，可在室内或室外有覆盖的情况下以散料形式存放，但至少需储存 20 t，并且以金字塔状堆积。使用期超过一周的，必须装袋密封储存。不做任何处理直接堆放于室外的方式，对冷补料储存性能、使用性能都有较大影响。从整个过程来看,这种方式显然是很不经济的。

二、冷补料的施工

冷补沥青混合料使用非常方便,当用于应急抢修时,可不进行圆坑方补、刷黏层油、坑槽干燥等传统热补复杂的工序,只需做简单的清扫即可填料,即便坑槽内有少许的粉尘、砂砾颗粒、积水等,也不会明显降低冷补料的路用性能。在没有压实设备情况下,只需用运料车的轮胎碾压几遍即可,也可用铁锹人工拍打几下击实。

非应急抢修情况下,冷补料的施工宜按下列步骤进行。

(一)坑槽开挖

在对路面局部破损修补前,应将破损处开槽成型。首先确定路面破损部分的边界和深度,按照"圆洞方补"原则,画出大致与路中心线(即行车方向)平行或垂直的开槽修补轮廓线(矩形),每边至少应进入完好路面 3 cm(即挖去路面松散、破碎的旧料直至坚实部分);并沿画好的修补轮廓线开挖坑槽,要求成型的坑槽壁面应尽可能保持与路平面垂直,坑槽底部平整、坚实;最后再将挖掉的旧料刨出坑槽。

对路面破损坑槽进行开槽处理时,应将坑洞内不坚固的、松散的壁面材料移走,同时还应将坑槽内的松散碎屑、旧料、杂物开挖出去,露出一个坚实、整齐的坑槽壁面和一个稳定、平整的坑槽底面。这不仅便于冷补料的摊铺及用量的确定,也有利于提高冷补料与坑槽壁面材料间的黏结能力。特别是坑槽壁面与路平面垂直,不仅有利于冷补混合料与原有路面的充分黏附,同时还可大大提高冷补料的压实效果,从而获得更好的修补效果。

坑槽的开挖通常可采用人工或小型机械设备来完成。用路面破碎机开挖坑槽,效率高、使用灵活;但在开挖坑槽时,易使周围路面材料遭到振松。借助切割机可以克服路面破碎机的这一开槽缺点。开槽前先沿画好的修补轮廓线切割出一个整齐的切割缝,再用破碎机将坑槽内旧料松散、破碎。

(二)清扫坑槽

为了使冷补沥青混合料与坑槽壁面和底面具有良好的黏附性,应当清理出坑槽的松散颗粒和其他残余物,并可对坑槽壁面和底面采用凿毛处理。这样有利于提高摩阻力,使铺筑上的冷补沥青混合料同原路面结合得更牢固。

清理坑槽一般采用手动工具清扫。将坑槽内及四周的碎石、废渣清理干净,坑槽内不得存有泥浆、雨雪和冰块等杂物。对于高速公路、市政掘路工程的修补,被修补的洞穴、沟槽应有整齐的切边,废渣的清除要见到固体坚固面为止。扫除槽内槽壁碎石、尘土、积水等杂物。

(三)涂刷黏层油

必要时,可在坑槽摊铺冷补料之前,先向坑槽壁面和底面均匀地喷洒一层黏层油,以浸润坑槽内表面裸露出的石料,从而提高冷补料与原有路面材料间的黏结效果。

乳化沥青、改性乳化沥青或液体沥青都可作为坑槽壁面的黏结层材料。在环境温度 4 ℃以上时宜采用乳化沥青,当温度在 4 ℃以下时宜采用液体沥青。液体沥青喷洒坑槽后可直接进行冷补沥青混合料铺筑,而乳化沥青喷洒后要等到破乳后才能进行混合料的摊铺。

(四)填入冷补料

将冷补料倒入坑槽中,直到填料高出路面 1~2 cm 左右,冷补料的投入量可增加 10%~20%。填满后坑槽中央应稍高于路面呈凸状。对于破损深度在 5 cm 以上坑槽,可采用 3~5 cm 为一层,分层填补、逐层压实。

(五)压实

铺设均匀后,根据修补面积大小和深度,选择适当的压实工具和方法进行压实,如人工用铲背压实、货车轮胎压实、小型振动夯实机、小型压路机等。

第一,人工压实。当修补面积较小时,一般采用人工铲背压实拍打十几次即可。

第二,振动平板夯。振动压实是一种压实效果很好的方法。对于中小面积的坑槽修补,这种方法方便、实用。

第三,小型压路机。当大面积坑槽修补时,应使用小型压路机进行碾压。

第四,利用运料车车轮进行碾压。当修补道路等级较低或条件有限而无法采用其他压实方法时,可采用此法。具体操作方法是在铺筑混合料的坑槽上铺一层报纸或油毡纸即可,然后用汽车先从一侧向另一侧缓慢碾压。

进行压实时先从坑槽四周,然后逐渐向中间移动压实。每次应重叠压实一定宽度。最后的压实效果是中间出现弧形,这样便于行车对所修补混合料进一步压实,同时有助于将坑槽内的冷补料向四周挤压,使其与修补路面的坑槽壁面压紧,还可以保证坑槽边的冷补料不会落出坑外。

压实过程中如发现局部位置有料少之处,应立即用手工补料。压实完毕之后,必要时还可以用乳化沥青对坑槽边缘进行封边处理。

(六)开放交通

修补完的坑槽表面应光洁、平整、无轮迹,坑槽四周和边角压实良好、无松散等现象。坑槽修补完毕即可开放交通。

参考文献

[1]王殿臣,张洪伟.寒冷地区重载公路沥青路面服役性能[M].北京:人民交通出版社股份有限公司,2019.

[2]姚佳良,周志刚.公路工程复合材料及其应用技术[M].长沙:湖南大学出版社.2019.

[3]李宇峙.路基路面工程[M].重庆:重庆大学出版社,2017.

[4]侯相琛,曹丽萍.公路养护与管理 第2版[M].北京:人民交通出版社股份有限公司,2017.

[5]郭寅川,申爱琴.纤维沥青碎石封层预防性养护新技术[M].北京:人民交通出版社股份有限公司,2017.

[6]杨建国,汪成,王旭东.集料微观与沥青混合料[M].北京:人民交通出版社股份有限公司,2017.

[7]徐杰,宋亮,王宁.公路工程与技术创新[M].长春:吉林人民出版社,2017.

[8]王中平.公路沥青路面预防性养护新技术[M].徐州:中国矿业大学出版社,2015.

[9]周迎新.沥青路面检测与养护技术研究[M].北京:中国建材工业出版社,2015.

[10]孟丛丛,柳海龙,刘华,等.公路养护技术与管理[M].北京:北京理工大学出版社,2015.

[11]姚佳良,周志刚,唐杰军.公路工程复合材料及其应用[M].长沙:湖南大学出版社,2015.

[12]王中平.公路沥青路面预防性养护新技术[M].徐州:中国矿业大学出版社,2015.

[13]周迎新.沥青路面检测与养护技术研究[M].北京:中国建材工业出版社,2015.

[14]孟丛丛,柳海龙.公路养护技术与管理[M].北京:北京理工大学出版社,2015.